Du démarrage au succès : Leçons apprises sur le parcours entrepreneurial

PAR
Nora Olivia

Table des matières

Introduction

1) L'état d'esprit entrepreneurial : Construire une fondation pour le succès
2) Identifier une idée d'entreprise gagnante
3) Mener une étude de marché : Comprendre votre client et la concurrence
4) Création d'un plan d'affaires : tracer votre chemin vers le succès
5) Trouver du financement : stratégies pour financer votre start-up
6) Considérations juridiques : navigation dans les contrats, les brevets et les marques de commerce
7) Bâtir une équipe solide : embaucher et gérer les talents
8) Créer une culture d'entreprise gagnante : motiver et impliquer vos employés

9) Amorcer votre start-up : optimiser vos ressources
10) Tirer parti de la technologie : outils et ressources pour la croissance
11) Marketing de votre start-up : construire votre marque et votre clientèle
12) Stratégies de vente : conclure des accords et augmenter les revenus
13) Faire évoluer votre entreprise : naviguer dans la croissance et l'expansion
14) Éviter les pièges entrepreneuriaux courants
15) Gérer vos finances : budgétisation, prévisions et flux de trésorerie
16) Gestion efficace du temps : hiérarchiser et déléguer les tâches
17) Équilibre travail-vie : maintenir votre santé et vos relations

18) Redonner : responsabilité sociale des entreprises et philanthropie

19) Préparer l'avenir : construire votre stratégie de sortie

20) Leçons apprises : Réflexions et idées d'entrepreneurs prospères

Introduction:

S'engager sur la voie tumultueuse de l'entrepreneuriat, c'est comme entrer dans une nature sauvage, armé de rien d'autre qu'un bagage de rêves et un esprit invariable. C'est un voyage semé d'interrogations, un cotillon entre triomphes et échecs, où la route du succès serpente à travers des maisons inexplorées. par l'échec qui éclaire le chemin du triomphe. Joignez-vous à nous alors que nous nous attaquons aux histoires de sorcières de colons visionnaires qui ont osé rêver et ont transformé leurs humbles lancements en récits triomphants d'accomplissement. Préparez-vous pour une odyssée fascinante de manœuvres stratégiques, de détermination farouche et de missions inestimables gravées dans le tissu de l'histoire entrepreneuriale. Préparez-vous à faire mûrir la perception de ceux qui ont enduré les montagnes russes exaltantes de transformer les rêves en réalité. Avec chaque coureur tourné, vous découvrirez les secrets, les obstacles et les moments transformateurs qui ont ouvert la voie à leur succès extraordinaire. Que vous soyez un entrepreneur en herbe à la recherche d'un soulagement ou un visionnaire instruit à la recherche de nouvelles perspectives, ce profond voyage de découverte vous permettra d'aller de l'avant, fort de la sagesse acquise auprès de ceux qui ont parcouru ce chemin émouvant avant vous. La route du succès peut être infidèle, mais armée de ces missions inestimables ; vous aussi, vous pouvez naviguer dans les eaux inexplorées de l'entrepreneuriat et vous lancer dans votre propre voyage transformationnel. Avec chaque coureur tourné, vous découvrirez les secrets, les obstacles et les moments transformateurs qui ont ouvert la voie à leur succès extraordinaire. Que vous soyez un entrepreneur en herbe à la recherche d'un soulagement ou un visionnaire instruit à la recherche de nouvelles perspectives, ce profond voyage de découverte vous permettra d'aller de l'avant, fort de la sagesse acquise auprès de ceux qui ont parcouru ce chemin émouvant avant vous. La route du succès peut être infidèle, mais armée de ces missions inestimables ; vous aussi, vous pouvez naviguer dans les eaux inexplorées de l'entrepreneuriat et vous lancer dans votre propre voyage transformationnel. Avec chaque coureur tourné, vous découvrirez les secrets, les obstacles et les moments transformateurs qui ont ouvert la voie à leur succès extraordinaire. Que vous soyez un entrepreneur en herbe à la recherche d'un soulagement ou un visionnaire instruit à la recherche de nouvelles perspectives, ce profond voyage de découverte vous permettra d'aller de l'avant, fort de la sagesse acquise auprès de ceux qui ont parcouru ce chemin émouvant avant vous. La route du succès peut être infidèle, mais armée de ces missions inestimables ; vous aussi, vous pouvez naviguer dans les eaux inexplorées de l'entrepreneuriat et vous lancer dans votre propre voyage transformationnel. ce profond voyage de découverte vous donnera les moyens d'aller de l'avant, fort de la sagesse acquise auprès de ceux qui ont parcouru ce chemin émouvant avant vous. La route du succès peut être infidèle, mais armée de ces missions inestimables ; vous aussi, vous pouvez naviguer dans les eaux inexplorées de l'entrepreneuriat et vous lancer dans votre propre voyage transformationnel. ce profond voyage de découverte vous donnera les moyens d'aller de l'avant, fort de la sagesse acquise auprès de ceux qui ont parcouru ce chemin émouvant avant vous. La route du succès peut être infidèle, mais armée de ces missions inestimables ; vous aussi, vous pouvez naviguer dans les eaux inexplorées de l'entrepreneuriat et vous lancer dans votre propre voyage transformationnel.

Chapitre 1

L'état d'esprit entrepreneurial : Construire une fondation pour le succès

Le parcours entrepreneurial est délicat, mais pour ceux qui sont prêts à tenter leur chance et à travailler dur, cela peut être extrêmement satisfaisant. Avoir la bonne intelligence est tout aussi important pour le succès entrepreneurial que d'avoir une bonne idée. Cet essai discutera de la valeur d'avoir un esprit d'entreprise et proposera des moyens de jeter les bases du succès.

Qu'est-ce qu'un état d'esprit entrepreneurial exactement ?
L'intelligence entrepreneuriale est un système d'autorisation qui donne la priorité à la créativité, à l'invention et à l'évitement des pièges. C'est la capacité de repérer les possibilités et de les transformer en paris fructueux. L'entrepreneuriat est un état d'esprit qui

peut être acquis et amélioré au fil du temps; ce n'est pas une denrée essentielle à tous les entrepreneurs.

L'intelligence entrepreneuriale présente les taux saillants suivants

Les entrepreneurs sont aptes à transmettre leurs idées aux autres et ont une idée claire de ce qu'ils veulent négocier.

Créativité Les entrepreneurs peuvent résoudre les problèmes de manière créative et hors des sentiers battus.

Adaptabilité démarrer une entreprise n'est pas un voyage facile ; les entrepreneurs doivent donc avoir la capacité de continuer lorsque les effets se font sentir.

Les entrepreneurs sont prêts à prendre des pièges avisés pour réaliser leurs prétentions.

Ingéniosité Les entrepreneurs peuvent tirer le meilleur parti de leurs fonds et trouver des solutions créatives aux problèmes.

Les entrepreneurs sont adaptables et peuvent ajuster leurs plans en fonction de la situation.

Pourquoi l'esprit d'entreprise est-il important ?

Pour diverses raisons, avoir un esprit d'entreprise est essentiel. Les entrepreneurs pourraient l'utiliser pour identifier à l'origine des ouvertures que d'autres pourraient ignorer. En étant créatifs et imaginatifs, les entrepreneurs peuvent produire des idées commerciales uniques qui ont l'éventualité d'être largement couronnées de succès.

De plus, avoir une station entrepreneuriale incite les entrepreneurs à persévérer face aux difficultés. Il y aura des obstacles et des échecs lors du démarrage d'une entreprise. Les hommes d'affaires fortement inclinés sont aptes à se remettre de ces défaillances et à poursuivre leur progression.

Finalement, la capacité de prendre des pièges mesurés est un avantage d'avoir une station entrepreneuriale. La menace est toujours là lors du démarrage d'une entreprise, mais ceux qui peuvent estimer et contrôler les menaces ont une chance avancée de succès.

Comment développer un état d'esprit entrepreneurial

Après avoir établi l'importance de l'intelligence entrepreneuriale, examinons quelques styles pour la cultiver.

Produire une vision claire Créer une vision claire de vos prétentions est la première étape dans le développement d'une station entrepreneuriale. Cette vision doit être claire, quantifiable et réalisable. Vous devriez mettre votre vision écrite partout où vous pouvez la voir tous les jours.

Soyez prêt à apprendre Les gens d'affaires qui réussissent apprennent et se développent constamment. Ils recherchent laborieusement des ouvertures pour apprendre des autres et ne sont pas hystériques pour admettre leur ignorance. Venez vous consacrer à l'alphabétisation tout au long de la vie et recherchez des instructeurs et d'autres hommes d'affaires prospères qui peuvent offrir des conseils et un soutien.

Accepter l'échec La route entrepreneuriale implique inévitablement l'échec. Les entrepreneurs ayant une attitude positive considèrent l'échec comme une chance d'apprendre et d'avancer plutôt que de le laisser les décourager. Lorsque vous échouez, arrêtez-vous et réfléchissez à ce qui n'allait pas et à ce que vous pouvez faire d'autre la prochaine fois.

Prendre des pièges raisonnables Les hommes d'affaires qui réussissent ne prennent pas de risques inconsidérés. Avant d'agir, ils estiment les prix possibles et les aléas implicites d'un choix. Demandez-vous quels sont les avantages et les inconvénients potentiels d'une menace avant de le faire. Il pourrait être intéressant de prendre la menace si les prix possibles surpondèrent les écueils.

Gardez une station positive Développer l'intelligence entrepreneuriale nécessite une station positive.

Boussole, réseau et unité Les gens d'affaires qui réussissent craignent l'importance d'établir des liens avec les autres. Ils recherchent des opportunités de se connecter et de travailler avec d'autres propriétaires d'entreprises, financiers et instructeurs. Participez à des conférences et à des événements de réseautage, ainsi qu'à des groupes en ligne où vous pourrez rencontrer d'autres personnes qui partagent vos centres d'intérêt.

Gardez votre attention La discipline et l'attention sont nécessaires pour faire une entreprise prospère. Restez concentré sur vos objets et évitez les distractions. Assurez-vous de vous tenir responsable d'atteindre vos objets diurnes, quotidiens et annuels en les fixant.

Soyez ingénieux Les entrepreneurs prospères sont aptes à maximiser leurs coffres disponibles. Cela demande de l'invention et de trouver des résultats à des problèmes avec des coffres rares. Recherchez des solutions abordables pour les problèmes et ne soyez pas gêné de demander du soutien lorsque vous le supportez.

Accepter le changement La route entrepreneuriale est pleine de divergences, et les gens d'affaires prospères sont aptes à s'acclimater aux conditions changeantes. Soyez flexible et prêt à réorienter votre entreprise si nécessaire.

Finalement, il est essentiel de célébrer et d'apprécier vos réalisations. Monter une grande entreprise est un voyage, il est donc essentiel de prendre le temps de fêter vos succès et de vous réjouir de votre avancement.

En conclusion, développer une entreprise efficace nécessite une station entrepreneuriale. Les entrepreneurs peuvent établir une base solide pour réussir en ayant une vision claire, en étant ouverts à l'alphabétisation, en acceptant l'échec, en prenant des risques mesurés, en restant de bon augure, en réseautant et en collaborant, en restant concentrés, en étant ingénieux, en acceptant le changement et en appréciant le succès. Gardez à l'esprit qu'avoir une station entrepreneuriale est un don qui s'acquiert avec le temps ; ce n'est pas une marchandise avec laquelle vous êtes né. N'importe qui peut réussir en tant qu'entrepreneur avec un engagement, des difficultés et une position solide.

Chapitre 2

Identifier une idée d'entreprise gagnante

Changer la conception d'une entreprise prospère est l'un des aspects les plus cruciaux du démarrage d'une entreprise. Mais il peut être exténuant de savoir par où commencer avec la corne d'abondance des druthers et des ennuis. Nous examinerons quelques idées et tactiques dans cet article pour créer une conception d'entreprise qui a le potentiel de réussir.

Commencer par vos intérêts et votre sensibilité Commencer par vos intérêts et votre sensibilité est l'un des meilleurs moyens de trouver la conception d'une entreprise prospère. Réfléchissez à la manière dont vous pouvez faire de ce que vous voulez faire pendant votre temps libre une entreprise prospère. Par exemple, si vous adorez la cuisine, vous pouvez créer un food truck ou une entreprise d'alimentation.

Casser un problème. Les entreprises qui réussissent commencent constamment par un défi qui doit être surmonté. Considérez les difficultés et les déboires dont vous êtes témoin dans votre propre vie et comment vous pouvez développer un bien ou un service qui résout ces problèmes. Par exemple, vous pouvez créer une entreprise de nettoyage si vous avez du mal à garder votre maison en ordre.

La demande d'exploration est essentielle une fois que vous avez un concept en tête pour déterminer s'il existe un besoin pour votre produit ou service. Examinez les entreprises de votre domaine qui sont similaires au vôtre et notez ce qu'elles font correctement et les lacunes implicites que vous pourriez corriger. Déterminez votre demande cible en sachant que votre demande cible est essentielle pour proposer un concept d'entreprise réussi. Imaginez qui est votre client idéal, quelles sont ses conditions et ses désirs, et comment votre produit ou service peut satisfaire ces exigences.

Examinez la concurrence, il est essentiel de tenir compte de la concurrence lors du choix d'un plan d'entreprise réussi. Examinez ce que vos rivaux font bien et les domaines dans lesquels vous pourriez être en mesure de vous démarquer au coup par coup. Supposons que vous puissiez donner une marchandise différente ou supérieure à celle qui vous a été remise auparavant.

Lorsque vous choisissez un concept d'entreprise performant, tenez compte des finances, car le démarrage d'une entreprise implique un engagement fiscal. Considérez les frais associés au matin et à l'entretien de votre établissement ainsi que le nombre de ploutocrates que vous pouvez bien anticiper.

Testez votre conception Il est essentiel de tester la conception de votre entreprise avant d'y consacrer beaucoup de temps et de ressources. Pour déterminer s'il existe une demande pour votre produit ou service, supposons que vous commenciez par une opération à petite échelle. Cela peut inclure le développement d'un prototype ou la fourniture de vos services à des mousquetaires et à des relations proches.

Obtenir des avis est essentiel pour améliorer et booster la conception de votre entreprise. Demandez l'avis de consommateurs potentiels, de professionnels de l'industrie et d'autres propriétaires d'entreprise. Envisagez de vous inscrire à un programme d'accélérateur ou d'incubateur d'entreprise où vous pourrez recevoir des conseils et des directives d'instructeurs chevronnés.

Finalement, il est essentiel de maintenir la rigidité tout en choisissant la conception d'une entreprise prospère. Soyez prêt à changer de cap si nécessaire à mesure que la demande et les besoins de vos invités évoluent. Restez flexible et prêt à changer si nécessaire.

En conclusion, le choix d'un concept d'entreprise performant nécessite une étude et une enquête approfondies. Vous pouvez produire une idée d'entreprise qui a le potentiel de réussir en commençant par votre cœur et vos intérêts, en travaillant sur un problème, en sondant la demande, en vous rapportant à votre client cible, en évaluant la concurrence, en tenant compte des finances, en testant votre idée, obtenir des commentaires et rester adaptable. Gardez à l'esprit que la création d'une entreprise est un voyage et que la réalisation d'une conception commerciale rentable n'est que la première étape. Vous pouvez transformer votre idée en une entreprise prospère avec de la persévérance, de l'engagement et un peu de chance.

Utilisez une analyse geek pour estimer les avantages, les inconvénients, les ouvertures et les pièges associés aux services offerts par votre entreprise. Tenez compte à la fois des variables internes que vous pouvez contrôler, telles que vos capacités et vos coffres, ainsi que des variables externes qui pourraient avoir une influence sur votre entreprise, notamment les tendances de la demande et la concurrence.

Supposons qu'à propos de l'évolutivité, il est essentiel de prendre en compte l'évolutivité lors du choix d'un concept d'entreprise performant. Supposons que la conception de votre entreprise puisse être appliquée de manière plus astronomique et qu'elle puisse réussir à long terme.

Tenez compte de votre proposition de vente unique (USP) Votre entreprise se démarque de la concurrence grâce à votre USP. Considérez le point de vente unique de vos produits ou services et comment vous pourriez l'expliquer à votre public cible.

Il est essentiel de prendre en compte vos forces et vos faiblesses car démarrer une entreprise demande beaucoup d'efforts et d'engagement. Tenez compte de vos capacités et de votre expérience, ainsi que des domaines dans lesquels vous pourriez avoir besoin de vous développer ou de vous inscrire avec un soutien extérieur.

Recherchez les tendances de l'assiduité Changer la conception d'une entreprise prospère nécessite d'être à jour sur les tendances de l'industrie. Gardez un œil sur les nouvelles tendances de votre secteur et réfléchissez à la façon dont la conception de votre entreprise pourrait en bénéficier.

Supposons qu'au moment du lancement d'une entreprise, le moment est crucial. Demandez-vous si la demande est prête pour la conception de votre entreprise et si elle est opportune et applicable. Par exemple, si vous envisagez de lancer une entreprise dans le secteur de la technologie, demandez si la structure et la technologie sont déjà en place pour soutenir votre idée d'entreprise.

Tenir compte des conditions légales et non réglementaires Le respect des règles légales et non réglementaires est nécessaire pour lancer un établissement. Lorsque vous estimez comment vous vous comporterez mal avec eux, assurez-vous de bien comprendre les normes juridiques et non réglementaires qui s'appliquent à votre type d'entreprise et de secteur.

Former un peloton solide Une entreprise prospère a besoin d'un personnel solide. Imaginez les personnes dont vous aurez besoin dans votre peloton et comment retenir et garder les travailleurs élégants pendant que vous travaillez pour réaliser la conception de votre entreprise.

Supposons à propos de la position que le succès de votre établissement peut être grandement affecté par sa position. Supposons les aspects pratiques de l'exploitation à cet endroit ainsi que si l'idée de votre entreprise est la mieux adaptée à ce poste.

Élaborer une stratégie marketing Pour attirer et fidéliser les consommateurs, le marketing est essentiel. Produisez une stratégie marketing qui explique comment vous vous connecterez à votre public cible, partagerez votre USP et augmenterez la reconnaissance de votre marque.

Soyez enthousiaste et patient Pour réussir la conception d'une entreprise, il faut être passionné et patient. Assurez-vous d'être sincèrement enthousiaste à propos de votre conception et prêt à consacrer du temps et des efforts pour en faire un succès avant de démarrer une entreprise.

En conclusion, la réalisation d'une conception d'entreprise réussie nécessite une combinaison d'enquête, d'évaluation et d'invention. Vous pouvez produire une conception d'entreprise qui a la capacité implicite de réussir en tenant compte de vos sentiments et de vos intérêts, en abordant un problème, en étudiant la demande, en évaluant la concurrence, en tenant compte des finances, en testant votre idée, en entrant des commentaires et en étant adaptable.

N'oubliez pas de prendre en compte de nouveaux rudiments, y compris l'évolutivité, les tendances des demandes, les exigences légales et non de surveillance, la position et la conformation du peloton. Vous pouvez transformer la conception de votre entreprise en une entreprise rentable si vous avez une base solide et un sens aigu de l'objectif.

Chapitre 3

Réalisation d'études de marché : Comprendre votre client et la concurrence

Lors du lancement d'une entreprise, l'exploration des demandes est essentielle pour comprendre votre public cible et la concurrence. La demande d'exploration peut vous fournir des données pédagogiques qui peuvent vous aider à vous forger une opinion sur votre entreprise, telles que la mise en relation d'ouvertures, l'élaboration de stratégies de marketing efficaces et la conservation de la compétitivité dans vos efforts.

Dans cette composition, nous passerons en revue l'importance de l'exploration des demandes et la manière de comprendre vos rivaux et les demandes cibles.

Pourquoi l'étude de marché est-elle importante ?

L'exploration des requêtes fournit des informations utiles sur les exigences et les habitudes de votre requête cible. Cela pourrait vous aider à développer des stratégies de marketing efficaces, à conserver votre position de leader de l'industrie et à rechercher des moyens d'améliorer vos produits ou services.

De même, l'exploration des demandes peut vous aider à repérer les pièges et les défis implicites, tels que l'évolution des préférences des clients ou les tendances d'assiduité, et à élaborer des plans visionnaires pour les résoudre.

En outre, l'exploration des demandes peut vous aider à prendre des décisions pour votre entreprise sur des questions telles que le prix, les caractéristiques du produit et les canaux de commercialisation fondés sur des données et de manière perspicace plutôt que sur des entreprises ou des hypothèses.

Façons de mener des études de marché
Déterminez vos objectifs d'exploration
Avant de procéder à toute exploration demandée ; il est important de définir vos objets d'étude. Choisissez les informations que vous souhaitez collecter, telles que les données démographiques, les préférences des clients et obtenez des modèles, ou les

excroissances et les forces des challengers.

Choisissez votre demande cible Sélectionnez le groupe d'invités qui sont les plus susceptibles d'acheter vos produits ou services. Cela pourrait vous aider à vous concentrer sur vos questions d'étude et à obtenir des données applicables.

Choisissez vos méthodes d'exploration, vous pouvez utiliser une gamme de styles d'exploration, comme les vérifications, les groupes de discussion et l'exploration secondaire, pour en savoir plus sur votre demande cible et vos rivaux. Choisissez la ou les stratégies qui correspondent avec style à vos objectifs d'étude et aux restrictions populaires.

Produire une enquête ou un questionnaire Pour vous aider à obtenir les données dont vous avez besoin, produisez une série de questions à utiliser dans les vérifications ou les questionnaires. Envisagez de faire une exploration des données démographiques, des préférences, des actions et des situations de satisfaction de vos invités.

Lorsque vous avez fini de créer votre chèque ou votre questionnaire, il est temps de commencer l'étude. Pour ce faire, vous pouvez contacter les invités via les médias sociaux ou la répartition, organiser des groupes de discussion ou recueillir des données à partir de sources secondaires.

Disséquez les données Après avoir acquis vos informations, parcourez-les pour trouver des modèles, des tendances et de nouvelles informations. Recherchez les thèmes ou les modèles récurrents qui pourraient avoir un impact sur les opinions de votre entreprise.

Tirez des conclusions et agissez Appliquez les informations que vous avez tirées de votre demande d'exploration pour tirer des conclusions et agir au nom de votre entreprise. Réfléchissez à la manière dont vous pouvez améliorer vos produits ou services, améliorer vos stratégies de marketing ou conserver votre position de leader de l'affinité.

Comprendre votre client

Lors de l'exploration des demandes, il est essentiel de comprendre votre clientèle cible. Cela inclut leurs données démographiques, leurs préférences, leurs actions et leurs vues sur vos produits ou services.

Données démographiques Comprendre les caractéristiques de la demande de votre cible peut vous aider à développer des produits et des services qui répondent à ses exigences et à ses préférences. Tenez compte de facteurs tels que l'âge, le sexe, le revenu, le niveau d'éducation et le terrain.

Vous pourriez être en mesure de développer des produits ou des services spécialement adaptés aux besoins des clients en comprenant leurs préférences. Tenez compte de facteurs tels que les attributs du produit, le prix et l'emballage. Comprendre la clientèle peut vous aider à identifier les opportunités d'améliorer vos produits ou services ou à développer des stratégies de marketing efficaces. Tenez compte des généralités telles que les tendances d'achat, les processus de prise de décision et la fidélité à la marque.

Vous pourrez peut-être identifier les domaines dans lesquels vous pouvez mettre à niveau ou améliorer vos produits ou services en comprenant ce que les clients en pensent. Tenez compte de facteurs tels que les commentaires des consommateurs, les critiques et les remarques sur la satisfaction.

Comprendre votre concurrence
Aussi important que connaître votre public cible connaît votre concurrence. Cela couvre des effets tels que leur part de demandes, leurs stratégies marketing, leurs forces et leurs faiblesses.

Forces et faiblesses Comparer les avantages et les inconvénients de vos rivaux peut vous aider à trouver des idées novatrices pour vous démarquer de la concurrence ou améliorer vos produits et services.

Partager la demande Comprendre la partie de la demande que vos rivaux détiennent maintenant vous aidera à évaluer votre capacité à lutter. Vous pouvez en savoir plus sur la part de demandes de vos concurrents en utilisant des sources secondaires telles que des études d'affinité ou des entreprises d'exploration de demandes.

Vous pouvez identifier les domaines à améliorer ou les moyens de vous démarquer dans vos efforts marketing en étant attentif à la manière dont vos concurrents font la promotion. Considérez le conditionnement visant à interagir avec les consommateurs, les stratégies de tarification et les supports publicitaires.

Parallèlement à ces facteurs, il est important de prendre en compte la dynamique et les tendances générales des demandes, car elles peuvent avoir un impact sur votre association. La demande peut avoir été plus compétitive, les préférences des consommateurs ont changé ou la technologie a évolué.

Avantages de l'exploration des requêtes

Les avantages suivants de l'exploration des demandes pour votre entreprise peuvent être mentionnés. L'exploration des demandes peut vous aider à faire de nouvelles demandes, à améliorer les biens ou les services, ou à améliorer les os. Faire des plans de marketing efficaces En sondant les conditions et les préférences de votre public cible, vous pouvez produire des stratégies de marketing efficaces.

Maintien de la compétitivité : L'exploration des demandes peut vous aider à maintenir un avantage concurrentiel dans votre assiduité en mettant en relation les tendances changeantes des demandes, les avantages et les inconvénients des challengers et les nouveaux pièges.

Faire des opinions éclairées une demande d'exploration peut vous aider à décider des prix, des caractéristiques des produits et des tactiques de marketing de votre entreprise sans avoir à calculer sur des hypothèses ou des suppositions éclairées.

Conclusion

Une entreprise prospère commence par une demande d'exploration et se développe à partir de là. Il fournit des données complètes sur les préférences, les habitudes, les avantages concurrentiels et les inconvénients de votre demande cible. En explorant les demandes, vous découvrirez peut-être des styles pour améliorer vos produits ou services, développer des stratégies de marketing efficaces et conserver un avantage concurrentiel dans vos efforts. En outre, cela pourrait vous aider à vous forger une opinion sur votre entreprise fondée sur des données et de manière perspicace plutôt que sur des suppositions hypothétiques ou éclairées.

Chapitre 4

Création d'un plan d'affaires : tracer votre chemin vers le succès

Pour tout entrepreneur qui envisage de lancer une nouvelle entreprise ou de développer une entreprise existante, un plan d'affaires est un outil essentiel. Il agit comme une feuille de route pour l'avenir de votre entreprise, définissant vos objectifs et suggérant des approches vers le succès. Les facteurs essentiels d'un bon plan d'affaires seront abordés dans cette composition, ainsi que des conseils sur la façon d'en rédiger un.

Pourquoi un plan d'affaires est important
Une stratégie commerciale est nécessaire pour plusieurs raisons, comme
Définir la conception de votre entreprise
Votre conception d'entreprise, y compris vos produits ou services, votre marché cible et votre avantage concurrentiel, peut

être définie plus précisément à l'aide d'un plan d'affaires.

Définir des prétentions et des objets Un plan d'affaires aide à la création d'objectifs et d'objectifs réalisables et quantifiables pour votre entreprise qui peuvent servir d'indicateurs de réussite.

Relier les problèmes possibles Un plan d'affaires vous permet d'identifier les problèmes et les risques implicites auxquels votre entreprise peut être confrontée et d'établir des stratégies d'atténuation.

En leur donnant une idée claire de la conception de votre entreprise, des estimations fiscales et des éventualités de développement, un plan d'affaires bien rédigé peut vous aider à attirer des investisseurs ou des prêteurs potentiels.

La responsabilité est encouragée et votre entreprise est maintenue sur la bonne voie à l'aide d'un plan d'affaires, qui offre un cadre pour suivre et évaluer vos progrès vers vos prétentions et vos objectifs.

Rudiments qui composent un plan d'affaires

Les facteurs essentiels suivants doivent être présents dans un plan d'affaires un bref résumé Votre conception d'entreprise, votre demande cible, votre avantage concurrentiel, vos pronostics fiscaux et votre éventualité de croissance doivent tous être résumés de manière compacte dans cette section.

Description de l'entreprise Dans ce domaine, vous devez donner une explication plus approfondie de la conception de votre entreprise, y compris les détails ou les services que vous souhaitez offrir, votre public cible, votre avantage concurrentiel et votre éventualité d'expansion.

Analyse de la demande Dans ce domaine, vous devez disséquer les données démographiques de votre demande cible ainsi que la taille, les tendances et la position de la demande sur le marché.

La tarification, la publicité et la distribution doivent toutes être incluses dans la partie tactiques de marketing et de transaction de votre essai.

Fonctionnement et organisation Dans cette zone, vous devez décrire la structure de fonctionnement de votre entreprise, y compris ses principaux acteurs et leurs tâches.

Prévisions fiscales Cette partie doit inclure une analyse du seuil de rentabilité, un résumé de vos conditions de financement et des prévisions fiscales, similaires aux comptes de résultat, aux bilans et aux états des entrées de trésorerie.

suppléments Cette partie doit contenir tous les détails frais qui sont importants pour vos plans d'affaires, tels que les CV importants de la main-d'œuvre, les descriptions de vos produits ou services ou les statistiques de votre demande d'exploration.

Comment rédiger un plan d'affaires
Bien que la rédaction d'un plan d'affaires puisse être délicate et chronophage, elle est essentielle au succès de votre entreprise. Ensuite, il est nécessaire de mener une étude de marché. Comprendre votre demande cible, repérer des rivaux potentiels et créer des plans marketing gagnants dépendent tous de la conduite de l'exploration de la demande. Pour en savoir plus sur votre demande, utilisez une gamme de méthodes, y compris des vérifications, des groupes de discussion et des sources secondaires.

Définissez la conception de votre entreprise, y compris vos produits ou services, la demande cible et l'avantage concurrentiel, en vous basant sur l'exploration de votre demande.

Établissez des prétentions et des objets Utilisez votre conception d'entreprise tout en établissant des prétentions et des objets sensés et quantifiables pour votre entreprise. Ceux-ci doivent contenir à la fois des objets à court et à long terme.

Produire des stratégies et des tactiques produit des stratégies et des tactiques pour vous aider à réaliser vos prétentions et vos objectifs. Ceux-ci doivent comprendre des plans fiscaux, des stratégies fonctionnelles et des stratégies de marketing et de transactions.

Produire des pronostics fiscaux faire des pronostics fiscaux, similaires aux déclarations de revenus, aux pertes de solde et aux déclarations de rentrées de fonds, en utilisant vos plans et méthodes.

Après avoir terminé les processus susmentionnés, élaborez votre plan d'affaires en vous accrochant aux facteurs essentiels décrits ci-dessus.

Votre plan d'affaires doit être revu et rationalisé.

La stratégie de votre entreprise n'est pas une chose ponctuelle que vous écrivez et que vous ignorez également. Il doit être périodiquement revu et rationalisé car il s'agit d'un document évolutif qui doit rester à jour. Les conseils qui en découlent peuvent vous aider à examiner et à moderniser le calendrier de votre plan d'affaires. Décidez quand vous évaluerez et moderniserez la stratégie de votre entreprise. Selon les exigences de votre établissement, cela peut se faire périodiquement, semestriellement ou annuellement.

Évaluer les progrès Utilisez la stratégie de votre entreprise comme compagnon pour évaluer dans quelle mesure vous vous débrouillez pour atteindre vos objectifs. Réussissez-vous vos prétentions ? Pourquoi pas, sinon ? Utilisez ces connaissances pour modifier votre stratégie et vos tactiques si nécessaire.

Restez à jour Tenez le plan de votre entreprise à jour avec les dernières demandes des consommateurs, les tendances des demandes et les progrès de l'assiduité. Cela vous aidera à garder une longueur d'avance sur la concurrence et à découvrir de nouvelles perspectives de développement.

Demandez des commentaires sur la stratégie de votre entreprise à des conseillers fiables, tels que des instructeurs, des pairs ou des formateurs en entreprise. Cela peut vous donner des informations perspicaces et vous montrer où vous avez des taches sans yeux ou une marge d'amélioration.

Utilisez votre plan d'entreprise comme outil de marketing Surtout lorsque vous recherchez des capitaux ou des connexions, votre plan d'entreprise peut être un puissant outil de marketing. Utilisez-le pour démontrer à des investisseurs potentiels ou à des partenaires commerciaux la conception, les vaccins fiscaux et les perspectives de croissance de votre entreprise.

Conclusion

Une étape cruciale dans le démarrage ou la croissance d'une entreprise consiste à élaborer une stratégie commerciale. Il agit comme une feuille de route pour l'avenir de votre entreprise et aide à l'explication de la conception, à la définition des choses et à l'élaboration de plans et de tactiques pour réussir.

Vous pouvez établir un plan d'affaires approfondi qui vous aidera à tracer votre chemin vers le succès en effectuant une exploration des demandes, en définissant votre conception d'entreprise, en définissant des prétentions et des objectifs, en formulant des stratégies et des tactiques et en produisant des pronostics fiscaux. Pour que votre plan d'affaires reste à jour et applicable, n'oubliez pas de le réviser et de le modifier constamment.

Chapitre 5

Recherche de financement : Stratégies de financement de votre start-up

Démarrer une nouvelle entreprise peut être une initiative et un voyage épuisant. L'un des plus grands défis auxquels sont confrontés les entrepreneurs est de changer le soutien requis pour lancer et développer leur lancement. Dans cette composition, nous allons explorer quelques stratégies pour financer votre lancement.

Épargne personnelle L'un des moyens les plus simples de financer un lancement consiste à utiliser votre épargne personnelle. Cela vous permet d'éviter de vous endetter ou de renoncer au capital de votre entreprise. Cependant, envisagez de travailler en parallèle ou de réduire vos charges pour libérer plus d'argent pour votre lancement, si vous n'avez pas suffisamment d'économies particulières.

Mousquetaires et famille Une autre option consiste à rechercher le soutien des mousquetaires et de la famille. Cela peut être une bonne option si vous disposez d'un réseau d'individus probants qui sont prêts à investir dans votre entreprise. Pourtant, il est important d'aborder cela de manière professionnelle et d'avoir des accords clairs en place pour éviter les conflits implicites sur la route.

Le financement participatif est devenu un moyen populaire pour les entrepreneurs de lever des fonds pour leurs lancements. Cela implique de créer une croisade sur une plateforme de financement participatif, similaire à Kick-starter ou Indiegogo, et d'offrir des impulsions pour individualiser qui contribue à votre croisade. Il est important d'avoir une croisade bien rédigée avec une communication claire et une proposition de valeur pour attirer les investisseurs implicites.

Les investisseurs providentiels sont de gros individus qui investissent dans des lancements en échange d'actions ou d'une part des gains de l'entreprise. Ils investissent généralement des quantités inférieures à celles des ploutocrates aventuriers et peuvent encadrer ou guider le lancement. Pour attirer des investisseurs providentiels, vous devez avoir une conception commerciale convaincante, un plan d'affaires solide et un peloton solide.

Les ploutocrates de capital-risque sont des investisseurs professionnels qui soutiennent les start-ups à fort potentiel de croissance. Ils investissent généralement des quantités plus importantes que les investisseurs providentiels et peuvent détenir une participation plus importante dans l'entreprise. Pour attirer les ploutocrates aventuriers, vous devez avoir de solides antécédents, un modèle commercial éprouvé et un plan clair pour étendre votre entreprise.

Prêts de la Small Business Administration (SBA) la SBA accorde des prêts aux petites entreprises pour les aider à démarrer et à développer leur entreprise. Ces prêts ont généralement des taux d'intérêt plus bas et des conditions plus favorables que les prêts traditionnels, ce qui en fait une option séduisante pour les entrepreneurs. Pour être admissible à un prêt SBA, vous devez avoir un plan d'affaires solide, une cote de crédit solide et des garanties pour garantir le prêt.

Subventions Il existe une variété de subventions offertes aux entrepreneurs par des agences gouvernementales, des organisations à but non lucratif et des associations privées. Ces subventions peuvent apporter un soutien sans qu'il soit nécessaire de renoncer au capital de votre entreprise. Pourtant, le processus d'exploitation peut être compétitif et prendre du temps.

Conclusion
Soutenir votre lancement peut être une tâche épuisante, mais il existe une variété d'options disponibles pour les entrepreneurs. En exerçant des économies particulières, en recherchant le soutien des mousquetaires et de la famille, le financement participatif, en attirant des investisseurs providentiels ou des ploutocrates aventureux, en sollicitant des prêts ou des subventions SBA, les entrepreneurs peuvent financer leurs lancements et donner vie à leurs idées commerciales.

Il est important de choisir la bonne stratégie de soutien pour votre entreprise et d'avoir un plan d'affaires bien rédigé, un peloton solide et un solide bilan pour attirer des investisseurs ou des prêteurs.

Lorsqu'il s'agit de changer de sauvegarde pour votre lancement, il est important de comprendre les avantages et les inconvénients de chaque option de sauvegarde. Des économies particulières et le soutien des mousquetaires et de la famille peuvent être assez faciles à gagner, mais cela signifie également que vous pouvez avoir des finances limitées pour travailler. Le financement participatif peut être un bon moyen de lever des fonds rapidement, mais il peut aussi être largement compétitif et nécessiter beaucoup de difficultés pour produire une croisade réussie.

Les investisseurs providentiels et les ploutocrates aventureux peuvent apporter un soutien important, mais ils anticipent également un retour sur investissement élevé et peuvent détenir une participation importante dans votre entreprise. Il est important d'examiner précisément si c'est la bonne voie pour votre entreprise et d'être prêt à renoncer à un certain contrôle sur votre entreprise.

Les prêts SBA peuvent être une option séduisante pour les petites entreprises, mais ils comportent également un plan d'affaires solide, des antécédents de crédit solides et des garanties pour garantir le prêt. Demander des subventions peut être un bon moyen d'obtenir un soutien sans renoncer à l'équité, mais cela peut aussi être un processus largement concurrentiel avec beaucoup de paperasse et de bureaucratie.

En plus de comprendre les avantages et les inconvénients de chaque option de sauvegarde, il est également important de prendre en compte l'impact de la sauvegarde sur votre entreprise. Par exemple, s'endetter peut exercer une pression sur votre entreprise pour générer des bénéfices rapidement, tandis que renoncer à des capitaux propres peut signifier renoncer au contrôle sur des opinions commerciales importantes.

Lors de la création d'un plan d'affaires, il est important d'avoir une compréhension claire de vos besoins de soutien et de développer une stratégie de soutien qui s'aligne sur vos ambitions commerciales. Cela peut impliquer une combinaison de sources de soutien, telles que l'épargne particulière, l'investissement providentiel et les subventions.

Il est également important d'être réaliste quant à vos besoins de soutien et d'avoir un plan d'urgence au cas où les effets ne se dérouleraient pas comme prévu. Cela peut impliquer la mise en relation d'autres sources implicites de soutien, telles que des cartes de crédit ou des prêts particuliers, ou l'élaboration de stratégies pour réduire les coûts et améliorer la rentabilité.

En conclusion, l'obtention d'un soutien pour votre lancement est une étape importante pour donner vie à votre idée d'entreprise. En comprenant les avantages et les inconvénients de chaque option de soutien, en élaborant un plan d'affaires solide et en ayant une compréhension claire de vos besoins et de vos prétentions en matière de soutien, vous pouvez produire une stratégie de soutien qui s'aligne sur votre entreprise et vous prépare au succès.

Chapitre 6

Considérations juridiques : navigation dans les contrats, les brevets et les marques de commerce

Il est essentiel de prendre en compte les questions juridiques lors du démarrage d'une entreprise ou de s'engager dans tout type d'entreprise commercialisable pour s'assurer que l'opération est conforme à toutes les lois applicables. Les contrats, les brevets et les marques sont les trois disciplines juridiques les plus essentielles à comprendre. Tous ces éléments sont des instruments essentiels pour gérer les écueils, établir des perspectives et sécuriser la propriété intellectuelle et d'autres moyens.

Contrats
Un accord assez contraignant qui précise les termes et conditions d'une vente ou d'une relation est appelé contrat. Les contrats peuvent être verbaux ou écrits, mais les accords écrits sont généralement

préférés car ils offrent un enregistrement précis des termes conclus. Les contrats de vente, les contrats de travail, les contrats de location et les contrats de service ne sont que quelques exemples de formes de contrat typiques.

S'assurer que les deux parties comprennent les termes et conditions d'un contrat est l'un des facteurs les plus importants à prendre en compte. Cela implique que tout langage spécialisé ou argot spécifique à l'industrie doit être clarifié ou expliqué et que le langage du contrat doit être simple et sans équivoque. De plus, avant de signer l'accord, chaque partie devrait avoir la possibilité de l'estimer, de poser des questions et d'obtenir une explication.

S'assurer que le contrat est exécutoire est également un facteur essentiel. Cela implique que le contrat doit respecter des normes juridiques spécifiques, comme être librement conclu par toutes les parties, et que son contenu ne doit pas être illégal ou contraire à l'ordre public. Dans certaines circonstances, pour qu'un contrat soit exécutoire, il peut également être nécessaire qu'il soit écrit et signé par toutes les parties.

Finalement, il est essentiel d'imaginer ce qui se passerait si une personne rompait l'accord. Cela peut inclure la définition des mandats applicables pour la violation, similaire à l'appel à la personne fautive de réparer ou de prendre des mesures particulières pour y remédier. Pour éviter des actions coûteuses et chronophages, il peut également inclure l'incorporation de clauses pour des accords contradictoires, similaires à l'arbitrage ou aux accords.

Brevets
Un brevet est un titre assez honorifique qui, pendant un certain temps, confère à son titulaire la seule capacité de produire, d'utiliser et de manipuler une invention. En permettant aux formulateurs de tirer profit de leurs idées, les brevets visent à promouvoir la créativité. Ils encouragent également la publication de nouvelles idées afin que d'autres puissent s'en inspirer.

Un innovateur doit soumettre une demande de brevet à l'organisme gouvernemental compétent afin d'obtenir un brevet. L'opération doit contenir toutes les délimitations essentielles et autres attestations, ainsi qu'une explication détaillée de l'invention. Un contrôleur des brevets évaluera l'opération et décidera si l'invention satisfait aux critères légaux de brevetabilité.

Assurez-vous que l'invention est réellement unique et non évidente lorsqu'il s'agit de brevets. Cela implique que l'invention ne doit pas être une interprétation claire d'une invention antérieurement existante et qu'elle ne doit pas avoir été préalablement révélée au public. De même, il est essentiel de confirmer que l'innovateur est assez bon pour déposer une demande de brevet, ce qui peut nécessiter l'accord d'un employeur ou d'autres parties ayant un intérêt implicite dans l'invention.

Le fait que le brevet soit exécuté est un autre facteur déterminant. Il peut s'agir de garder un œil sur la demande de détection d'éventuels contrevenants et d'engager des poursuites judiciaires pour arrêter ou aider à prévenir les violations. Cela pourrait également habiliter l'invention pour des tiers, ce qui pourrait être une source de profit importante pour le titulaire du brevet.

Marques de commerce

Une marque de commerce est un dessin, un terme ou une expression qui est utilisé pour identifier et séparer un article ou un service au coup par coup d'un autre. Les marques de commerce sont importantes parce qu'elles aident les consommateurs à déterminer la source d'un bien ou d'un service et parce qu'elles peuvent être un outil de marketing efficace pour les entreprises.

Une entreprise doit soumettre une demande de marque à l'organisme gouvernemental concerné afin d'obtenir une marque. Une explication détaillée de la marque de commerce ainsi que toute attestation à l'appui nécessaire, telle que des exemples de la façon dont la marque sera utilisée, doivent être incluses avec l'opération. Un contrôleur de marque passera en revue l'opération et décidera si la marque est suffisamment unique pour être enregistrée et si elle est susceptible de prêter à confusion avec des marques déposées antérieurement.

Vérifier qu'une marque ne viole pas les droits d'autrui est l'un des facteurs juridiques les plus importants à prendre en compte lorsqu'il s'agit de marques. Pour s'assurer que la marque n'est pas utilisée auparavant par une autre entreprise ou personne, une vérification complète doit être effectuée. Cela implique également d'éviter l'utilisation de marques de commerce exorbitantes par rapport à celles utilisées auparavant, car cela peut engendrer une confusion chez le client et, en fait, des problèmes juridiques.

S'assurer que la marque est sécurisée est un autre facteur essentiel. Cela peut inclure la demande de protection de marque dans plusieurs pays ou régions, la surveillance de la demande pour repérer les contrevenants potentiels et la prise de mesures juridiques pour arrêter ou aider à prévenir les violations. Cela pourrait également inclure l'octroi de licences d'utilisation de la marque à des tiers, ce qui peut être une source économique de profit pour le titulaire de la marque.

Il est essentiel de réfléchir aux ramifications stratégiques des contrats, des brevets et des marques en plus de ces questions juridiques. Les contrats peuvent être utilisés, par exemple, pour définir des prospects sans équivoque avec des fournisseurs, des invités et des membres du personnel, ainsi que pour protéger des données importantes de l'entreprise telles que des secrets commerciaux.

Les brevets peuvent être utilisés pour donner à une entreprise un avantage concurrentiel et pour couvrir des inventions ou des technologies originales. Les marques de commerce peuvent être utilisées pour développer la fidélité du client et la conscience de la marque ainsi qu'une identité distincte pour l'entreprise.

Il peut être délicat de naviguer dans ces questions juridiques ; par conséquent, consulter un avocat formé et spécialisé dans ces questions est toujours salutaire. En plus des conseils d'immolation sur des questions politiques telles que les licences, l'action et la croissance mondiale, un avocat peut aider à garantir que les contrats, les brevets et les marques sont assez solides et exécutés avec douceur. Les entreprises peuvent protéger leur propriété intellectuelle et d'autres moyens, gérer les pièges et constituer une base solide pour le succès à long terme en gérant avec précision ces facteurs juridiques.

Chapitre 7

Bâtir une équipe solide : embaucher et gérer les talents

La qualité du pool d'une entreprise a un impact significatif sur sa performance. Un grand peloton peut stimuler l'invention, stimuler les affaires et aider une entreprise à atteindre ses objectifs. Mais constituer un peloton solide nécessite d'approfondir les procédures de sélection et d'opération. Nous examinerons quelques-unes des meilleures façons d'opter et de superviser les personnes dans cet article.

Embauche
Changer et embaucher les individualités applicables est la première étape dans la création d'un peloton important. Cela nécessite une appréciation approfondie des capacités et des tarifs demandés pour

chaque pièce, ainsi qu'un processus d'embauche réussi.

Décrivez votre partie

Il est essentiel de décrire clairement la fonction et les tâches du poste avant de commencer le processus de recrutement. Cela rendra plus probable que la description de poste représente humblement les capacités et les références exigées pour le poste.

Utiliser une variété de canaux de récupération

L'exercice d'une variété de canaux de récupération est essentiel si vous souhaitez attirer un large éventail de prospects. Cela peut inclure des bulletins sur des sites Web commerciaux, des plateformes de médias sociaux et des sites d'emploi, ainsi que des fonctions de mise en réseau et des recommandations particulières.

Des questions d'entretien comportementales doivent être utilisées

Le but des questions d'entretien comportemental est d'estimer les anciens résultats d'un chercheur et d'anticiper les résultats à naître.

. Lorsqu'il s'agit de repérer les cadeaux d'élite, ils peuvent être plus utiles que les questions d'entrevue conventionnelles.

Rechercher des références

Une étape cruciale du processus de recrutement est la vérification des références. Il peut être utilisé pour confirmer les antécédents et les références d'un chercheur et pour mûrir des informations sur ses styles de travail et son caractère.

Gérant

Après avoir choisi le bon cadeau, il est essentiel de bien gérer et développer ce cadeau. Cela peut comporter une variété de tactiques, comme décrire des perspectives précises, donner des commentaires fréquents et présenter des opportunités d'amélioration.

Clarifiez vos perspectives.

Définir facilement les prospects est un élément essentiel de la gestion du personnel. La définition d'objets de performance, la mise en relation de pointeurs de performance cruciaux (KPI) et la fourniture de commentaires réguliers sur le développement sont quelques exemples de la manière de procéder.

Donner continuellement des commentaires

Donner aux travailleurs un feedback constant est essentiel pour favoriser leur croissance et leur développement. Des vérifications régulières, des évaluations de performance et des séances de guidage peuvent en faire partie. Les commentaires doivent être précis, rapides et utilisables.

Donner des chances d'expansion et de développement Les travailleurs peuvent avoir un sentiment de valeur et d'engagement dans leur travail en se voyant offrir des opportunités de croissance et de développement. Les affectations élargies, les ouvertures de formation et de développement et l'encouragement du personnel à assumer de nouvelles tâches sont quelques-unes des façons d'y parvenir.

Encouragez une plante positive

Un élément essentiel de la gestion des dons consiste à créer un terrain de travail affable. Cela peut consister à encourager une communication ouverte, à remercier les membres du personnel pour leurs réalisations et à favoriser un équilibre sain entre vie professionnelle et vie privée.

Défis

Il peut être délicat de faire un peloton performant, et il y a quelques erreurs de calcul typiques à éviter. Celles-ci correspondent de

Employant uniquement sur l'expérience

Bien que l'expérience soit essentielle, ce n'est pas le seul aspect à prendre en compte lors de la rétention. Les côtelettes douces comme la coopération et la communication sont essentielles pour créer un grand peloton.

Refuser de donner son avis

Le manque de rétroaction harmonieuse peut engendrer des progrès et un moral bas chez les travailleurs. Pour aider les travailleurs à améliorer leurs performances, il est essentiel d'offrir un encadrement et des commentaires continus.

Manque d'ouvertures de croissance

Les travailleurs qui estiment que leurs positions sont statiques sont plus enclins à quitter leur emploi. Fournir des opportunités de développement et de progrès pourrait contribuer à maintenir la main-d'œuvre au sommet.

Négliger la culture commerciale

La culture d'entreprise est essentielle pour retenir et garder les meilleurs employés. Une solide culture commerciale qui soutient les convictions et les objectifs de l'association doit être établie.

Conclusion

Une structure de peloton réussie est essentielle au succès commercial. La réalisation d'objectifs commerciaux et l'attraction et la rétention des meilleures personnes peuvent être facilitées par l'emploi de pratiques de recrutement et d'exploitation efficaces. La constitution d'un peloton solide nécessite des efforts et une attention continus, en fait après la fin du processus initial d'embauche et d'intégration. C'est pourquoi il est important pour les entreprises de définir des lieux, d'utiliser plusieurs canaux de récupération, de donner un retour d'information continu et d'offrir des opportunités de croissance et de développement. Ensuite, il y a d'autres tactiques d'opération de cadeau à penser à propos de

Développer la confiance

Un bon peloton doit avoir une solide base de confiance. En étant ouvert avec votre peloton, en tenant parole et en se souciant authentiquement de leurs problèmes, les directeurs peuvent faire confiance à leur personnel.

Promouvoir la coopération
Le travail d'équipe entre les membres peut affecter davantage la créativité et le produit. Encouragez la coopération en leur donnant la chance de s'unir sur des systèmes et en favorisant un climat de communication ouverte.

Donner des prix et de la reconnaissance
Les travailleurs sont plus susceptibles d'être engagés et dévoués à leur travail s'ils se sentent valorisés et honorés pour leurs efforts. Les travailleurs qui vont et viennent dans leur travail devraient admettre la reconnaissance et les avantages, similaires aux lagniappes, aux élévations ou au soleil public.

Résolution rapide des problèmes de performances
Une intervention précoce dans les entreprises de performance peut les empêcher de devenir des os plus gros ces derniers temps. Cependant, donnez-leur des conseils et des commentaires détaillés afin qu'ils puissent s'améliorer si un travailleur n'est pas à la hauteur.

Mettre l'accent sur l'équilibre travail-vie personnelle.

Les travailleurs accordent de plus en plus d'importance à l'équilibre entre vie professionnelle et vie privée, en particulier sur le terrain actuel du travail à distance. Les horaires flexibles, les ouvertures de travail à distance et les congés payés favorisent l'équilibre travail-vie personnelle.

Parallèlement à ces tactiques, il est essentiel d'estimer régulièrement les besoins de votre peloton et de modifier vos tactiques d'opération si nécessaire. Cela peut consister à recueillir des informations manuelles, à couvrir des critères de performance cruciaux et à s'adapter aux changements du terrain commercial.

Défis

Le processus de développement et de direction d'un bon peloton n'est pas sans difficulté. Voici quelques autres difficultés typiques à appréhender

Garder le cadeau élégant

Il pourrait être délicat de garder le meilleur cadeau dans la demande d'emploi machiavélique du moment. Offrir des opportunités de croissance et de développement, ainsi que des paiements et des avantages compétitifs est essentiel.

En charge des brigades distantes

La gestion de brigades distantes peut être délicate en raison de problèmes de collaboration et de communication. Établir des voies de communication claires, proposer des outils et des coffres pour le travail à distance et définir des objets de performance clairs sont tous cruciaux.

Gérer des conflits

Structurer un bon peloton peut être considérablement entravé par des conflits interpersonnels. Créer des ouvertures pour un dialogue honnête et la résolution des conflits, il est essentiel de gérer les conflits à l'avance et efficacement.

Maintenir le moral

Un moral bas peut avoir un effet important sur la productivité et l'engagement d'un peloton. En donnant des éloges et des prix, en résolvant les difficultés de performance et en favorisant une atmosphère de travail saine, les problèmes de moral doivent être résolus.

Conclusion

Une approche planifiée de l'embauche, ainsi qu'une concentration continue sur le développement et l'engagement des mains, sont nécessaires pour créer et maintenir un excellent peloton. Les entreprises peuvent produire un peloton capable d'atteindre leurs objectifs et de favoriser la créativité en mettant fortement l'accent sur la confiance, la coopération, la reconnaissance et l'équilibre travail-vie personnelle, ainsi que sur des problèmes de plongée comme la rétention, le travail à distance, les conflits et le moral.

Chapitre 8

Créer une culture d'entreprise gagnante : motiver et impliquer vos employés

Construire une culture d'entreprise réussie est essentiel pour inspirer et impliquer le personnel. Un environnement convivial et encourageant au travail peut entraîner une production plus élevée, une plus grande satisfaction au travail et des taux de rotation réduits. Voici quelques idées pour développer une culture d'entreprise réussie :

Établissez vos valeurs

La première étape du développement d'une culture d'entreprise saine consiste à définir les valeurs de votre organisation. Les principes de votre organisation doivent être évidents pour tous les travailleurs et doivent guider le comportement et la prise de décision de chacun.

Promouvoir une communication franche

Le fondement de la confiance et du travail d'équipe entre les employés est une communication ouverte. En organisant fréquemment des réunions d'équipe, des boîtes à suggestions et des séances individuelles avec la direction, vous pouvez favoriser une communication ouverte.

Offrir des possibilités de développement et de croissance
Les employés veulent croire que leurs postes évoluent et s'élargissent en conséquence. Donnez aux travailleurs la possibilité d'évoluer dans leur carrière, d'acquérir de nouvelles compétences et d'assumer de nouvelles responsabilités.

Offrir un salaire et des avantages concurrentiels sur le marché
Pour attirer et retenir les meilleurs talents, une rémunération et des avantages attractifs sont nécessaires. Assurez-vous que votre salaire et vos avantages sont compétitifs en faisant des recherches sur les normes de l'industrie.

Reconnaître et honorer les succès
Les réalisations des employés doivent être reconnues et récompensées, car cela peut être une forte incitation. Offrir des récompenses, des opportunités

d'avancement et une reconnaissance publique aux membres du personnel qui excellent dans leur poste.

Encourager l'équilibre travail-vie personnelle

Offrez aux employés des congés payés, des choix de travail à distance et des horaires flexibles pour aider à maintenir un équilibre sain entre vie professionnelle et vie privée.

Défis

Construire une culture d'entreprise réussie n'est pas sans difficultés. Voici quelques difficultés plus typiques dont il faut être conscient :

En charge des équipes distantes

Construire et maintenir une culture d'entreprise saine présente des difficultés particulières lorsque l'on travaille avec du personnel distant. Favoriser la coopération et la communication entre les membres distants de l'équipe peut être difficile. Pour résoudre ces problèmes, fournissez des canaux de communication efficaces et proposez des outils et des ressources pour le travail à distance.

Gérer des conflits

La construction d'une culture d'entreprise saine peut être

considérablement entravée par des conflits internes entre le personnel. En créant des opportunités de dialogue honnête et de résolution des conflits, il est crucial de traiter les conflits tôt et efficacement.

Maintenir le moral

Le niveau d'implication et de productivité des employés peut être considérablement affecté par un moral bas. En donnant des éloges et des prix, en résolvant les difficultés de performance et en favorisant une atmosphère de travail saine, les problèmes de moral doivent être résolus.

Accroître l'inclusion et la diversité

Bien qu'il puisse être difficile de créer un lieu de travail inclusif et diversifié, il est essentiel de développer une culture d'entreprise solide. Assurez-vous que vos pratiques de recrutement et de promotion sont inclusives et organisez régulièrement des formations sur la diversité et l'inclusion.

Conclusion

Une culture d'entreprise florissante exige un travail et une concentration constants. Vous pouvez créer un environnement de travail productif et encourageant qui inspire et engage les employés en définissant vos valeurs, en encourageant une communication ouverte, en offrant des opportunités de croissance et de développement, en offrant une rémunération et des avantages sociaux compétitifs, en reconnaissant et en récompensant les réalisations et en favorisant l'équilibre travail-vie personnelle. Votre culture d'entreprise restera forte et bonne au fil du temps si vous gérez des problèmes typiques tels que la gestion d'équipes distantes, la gestion des conflits, le maintien du moral et la promotion de la diversité et de l'inclusion.

Voici quelques autres idées pour développer une culture d'entreprise réussie :

Donner le bon exemple

Développer une culture de travail saine est principalement la responsabilité des dirigeants. Les dirigeants doivent agir selon les principes et les normes qui leur sont chers. Cela implique d'être ouvert et ouvert ainsi que poli et coopératif.

Promouvoir la coopération

La collaboration entre les membres du personnel peut stimuler la créativité, la production et le bonheur au travail. Offrir des possibilités de travail d'équipe, d'initiatives interfonctionnelles et d'échange d'informations favorise la collaboration.

Promouvoir le mieux-être et le bien-être
Une culture de travail saine nécessite de mettre l'accent sur le bien-être et le bien-être des employés. Pour aider les employés à maintenir un mode de vie sain, offrez des programmes de bien-être, y compris des cours d'exercices sur place et des services de santé mentale.

Voici quelques autres idées pour développer une culture d'entreprise réussie :

Donner le bon exemple

Développer une culture de travail saine est principalement la responsabilité des dirigeants. Les dirigeants doivent agir selon les principes et les normes qui leur sont chers. Cela implique d'être ouvert et ouvert ainsi que poli et coopératif.

Promouvoir la coopération

La collaboration entre les membres du personnel peut stimuler la créativité, la production et le bonheur au travail. Offrir des possibilités de travail d'équipe, d'initiatives interfonctionnelles et d'échange d'informations favorise la collaboration.

Promouvoir le mieux-être et le bien-être
Une culture de travail saine nécessite de mettre l'accent sur le bien-être et le bien-être des employés. Pour aider les employés à maintenir un mode de vie sain, offrez des programmes de bien-être, y compris des cours d'exercices sur place et des services de santé mentale.

Lors du développement d'une culture d'entreprise réussie, les difficultés supplémentaires à prendre en compte incluent :

Bâtir la confiance Bâtir la confiance peut prendre du temps, mais c'est crucial pour une atmosphère de travail solide. Pour gagner la confiance de votre personnel, soyez ouvert, honnête et cohérent dans votre communication et votre prise de décision.

Contrôler le changement
Toute organisation connaîtra des changements, mais cela peut perturber la culture de l'entreprise. Gérez le changement avec succès en gardant les lignes de communication ouvertes et proactives, en incluant le personnel dans la prise de décision, et en offrant de l'aide et des ressources au besoin.

Maîtriser les objectifs individuels et collectifs

Les buts de l'équipe et les objectifs personnels peuvent parfois entrer en conflit. Pour garantir que les succès individuels contribuent au succès global de l'équipe et de l'organisation, il est crucial de trouver un équilibre entre les objectifs individuels et d'équipe.

En conclusion, le développement d'une culture organisationnelle réussie nécessite un travail et une concentration continus. Vous pouvez créer un environnement de travail productif et encourageant qui inspire et engage les gens en donnant le bon exemple, en favorisant la coopération, en favorisant la santé et le bien-être, en favorisant un sentiment d'appartenance à la communauté, en définissant des attentes et des commentaires clairs et en récompensant les réalisations. Votre culture d'entreprise sera forte et bonne au fil du temps si vous abordez des problèmes tels que le développement de la confiance, la gestion du changement et l'équilibre entre les objectifs individuels et d'équipe.

Chapitre 9

Démarrage de votre start-up : Maximiser vos ressources

Il peut être précieux et dangereux de lancer une entreprise. Pourtant, il existe des styles que les propriétaires d'entreprises peuvent utiliser pour établir leur début avec peu de ploutocratie. Le bootstrapping est le terme utilisé pour décrire cette stratégie. Le démarrage consiste à utiliser des fonds auparavant disponibles pour lancer et agrandir un établissement. Lors du démarrage de votre entreprise, utilisez ces conseils pour maximiser vos coffres

Construire un produit minimalement réalisable.

Un produit minimum viable (MVP) est un bien ou un service qui fournit les fonctionnalités nécessaires pour répondre aux exigences des premiers utilisateurs tout en collectant des informations pour le développement de produits à naître. En vous permettant de tester votre conception avant de dépenser de l'argent pour un lancement de produit à grande échelle, la création d'un MVP peut vous aider à économiser du temps et de l'argent.

Utilisez des coffres gratuits et bon marché

Les entrepreneurs ont accès à un large éventail de ressources gratuites et abordables, y compris des logiciels open source, des outils Web gratuits et des avenues de marketing abordables. Vous pouvez réduire vos frais de démarrage et économiser vos coffres fiscaux en exerçant ces coffres.

Exploitez votre réseau

Lors du démarrage d'une startup, votre réseau personnel et professionnel peut être une ressource utile. Demandez à vos mousquetaires, à votre famille et à vos associés s'ils peuvent vous donner des conseils ou un soutien. Vous pourrez peut-être détecter de nouveaux invités ou investisseurs en utilisant votre réseau comme ressource.

Rechercher des sources de financement indispensables

Le bootstrapping ne compte pas comme la recherche d'un soutien fiscal. Les options de collecte de fonds indispensables, notamment le financement participatif, les prêts aux petites entreprises et les subventions, peuvent vous aider à collecter plus d'argent sans renoncer aux actions de l'entreprise.

Réduire les frais de sortie

Le maintien des frais de sortie les plus bas possibles est essentiel pour le démarrage. Au lieu de conserver du personnel à temps plein, cela peut inclure de travailler toujours, de participer à l'espace de bureau ou de sous-traiter le travail à des sous-traitants.

Surveillez vos rentrées d'argent

La gestion de vos rentrées de fonds est essentielle tout en amorçant votre démarrage. Surveillez de près vos rentrées de fonds et assurez-vous d'avoir une stratégie en place pour contrôler les dépenses et générer des revenus.

Lors du démarrage d'un lancement, il y a de nouveaux problèmes à prendre en compte, comme

Coffres plus petits

Travailler avec un budget restreint est courant lors du démarrage, ce qui peut être délicat. Préparez-vous à créer des précédents et choisissez où dépenser vos coffres.

L'amorçage à durée limitée peut prendre beaucoup de temps, en particulier si vous jonglez avec plusieurs tâches ou si vous travaillez avec un petit peloton. Soyez prêt à travailler de longues heures et à bien gérer votre temps.

Petite évolutivité
Le démarrage pourrait rendre plus délicat la croissance de votre entreprise. Soyez prêt à aborder l'expansion à un rythme plus lent et plus contrôlé et à vous concentrer sur la création d'une entreprise durable à long terme.

Coffres plus petits
Travailler avec un budget restreint est courant lors du démarrage, ce qui peut être délicat. Préparez-vous à créer des précédents et choisissez où dépenser vos coffres.

L'amorçage à durée limitée peut prendre beaucoup de temps, en particulier si vous jonglez avec plusieurs tâches ou si vous travaillez avec un petit peloton. Soyez prêt à travailler de longues heures et à bien gérer votre temps.

Petite évolutivité
Le démarrage pourrait rendre plus délicat la croissance de votre entreprise. Soyez prêt à aborder l'expansion à un rythme

plus lent et plus contrôlé et à vous concentrer sur la création d'une entreprise durable à long terme.

Passez au numérique avec le marketing
Sans investir beaucoup de ploutocrate, le marketing numérique peut être une approche efficace pour se connecter avec votre groupe démographique cible. Utilisez les spots de réseaux sociaux, le marketing de répartition et le marketing de contenu pour augmenter l'exposition de la marque et la génération de prospects.

Donner la priorité absolue à l'adhésion et à la fidélisation des clients
Il est essentiel de se concentrer sur l'adhésion et la fidélisation des clients lors du démarrage. Pour ce faire, vous devez identifier votre demande cible, comprendre leurs besoins et leurs domaines de douleur, et produire des biens et des services pour répondre à ces demandes. Cela implique également de forger des liens solides avec vos invités pour promouvoir la recréation d'affaires et des recommandations de bouche à oreille utiles.

Produire une identité de marque importante

Votre lancement peut se démarquer dans une demande concurrentielle en créant une identité de marque distinctive. Passez du temps et du ploutocrate à concevoir votre stratégie de marque, qui devrait inclure le ton de la voix, l'identité visuelle et la communication de votre entreprise.

Mettre l'accent sur la coordination et l'innovation

Le bootstrap nécessite une approche ouverte et créative. Encouragez le dialogue ouvert et la coopération entre vos associés et soyez ouvert à de nouveaux styles de résolution de problèmes.

Mettre l'accent sur le développement continu

Le succès à long terme de votre lancement amorcé dépend d'un développement continu. Passez constamment en revue les procédures de votre entreprise, recherchez les domaines qui peuvent être améliorés et adaptez-vous si nécessaire. Pour vous assurer que vous fournissez de la valeur et que vous respectez leurs conditions, demandez l'avis des invités et des membres du peloton.

Produire une intelligence positive
Le démarrage peut être épuisant, mais il est essentiel d'avoir une station positive, de rester extrêmement motivé et d'endurer. Travaillez avec des coéquipiers, des instructeurs et des conseillers probants qui peuvent vous orienter sur la bonne voie et vous inspirer en cours de route.

Démarrer un lancement peut être une expérience instigatrice et satisfaisante, mais cela nécessite une planification minutieuse, de l'imagination et un désir d'être flexible et inventif. Vous pouvez tirer le meilleur parti de vos coffres, créer une base solide pour votre entreprise et réussir à long terme en utilisant ces suggestions et ces moyens.

Chapitre 10

Tirer parti de la technologie : outils et ressources pour la croissance

Dans la géographie des affaires en constante évolution d'aujourd'hui, la technologie est devenue un outil nécessaire à la croissance. Des startups aux entreprises établies, la technologie a révolutionné la façon dont les entreprises fonctionnent, leur permettant de rationaliser les processus, d'atteindre de nouveaux clients et d'acquérir un avantage concurrentiel. Dans cette composition, nous explorerons certains des outils et ressources cruciaux que les entreprises peuvent utiliser pour réaliser leur croissance grâce à la technologie.

Exercice du pal

Pall computing est apparu comme l'une des avancées technologiques les plus importantes de ces derniers temps, offrant aux entreprises une gamme d'avantages. En utilisant des logiciels et des services packagés, les entreprises peuvent réduire leurs coûts informatiques tout en perfectionnant leur évolutivité et leur flexibilité. Pall computing permet également aux entreprises de stocker et de transmettre leurs données en toute sécurité depuis n'importe où dans le monde, permettant le travail et la collaboration à distance.

Exercer le Cloud
Pall computing est apparu comme l'une des avancées technologiques les plus importantes de ces derniers temps, offrant aux entreprises une gamme d'avantages. En utilisant des logiciels et des services packagés, les entreprises peuvent réduire leurs coûts informatiques tout en perfectionnant leur évolutivité et leur flexibilité. Pall computing permet également aux entreprises de stocker et de transmettre leurs données en toute sécurité depuis n'importe où dans le monde, permettant le travail et la collaboration à distance.

Réseaux sociaux
Les médias sociaux deviennent un élément essentiel du terrain commercial ultramoderne, fournissant aux entreprises un outil puissant pour attirer de nouveaux clients, interagir avec les

clients actuels et accroître la reconnaissance de la marque. Les sites de médias sociaux comme Facebook, Instagram et Twitter comptent plus de 4,5 milliards d'utilisateurs dans le monde, ce qui en fait des outils marketing essentiels pour les entreprises de toutes tailles.

Les entreprises peuvent communiquer plus efficacement avec leurs abonnés cibles en utilisant les médias sociaux, favoriser la fidélité à la marque et augmenter les activités du site Web. En outre, les médias sociaux offrent une variété d'options publicitaires, permettant aux entreprises de cibler des sectes particulières avec des annonces ciblées. Ce faisant, les entreprises peuvent atteindre plus efficacement de nouveaux clients et augmenter leur retour sur investissement (ROI).

Intelligence Artificielle (IA)

L'intelligence artificielle (IA) est devenue un outil de moins en moins important pour les entreprises, offrant une gamme d'avantages allant du perfectionnement du service client à l'automatisation des processus. L'IA peut être utilisée pour disséquer de grandes quantités de données, automatiser des tâches de routine et établir des pronostics fondés sur des données littérales.

L'une des opérations les plus importantes de l'IA est le service client, où les catboats et les acolytes virtuels peuvent gérer les demandes courantes des clients, libérant ainsi le personnel pour se concentrer sur des problèmes plus complexes. L'IA peut également être utilisée pour améliorer les opérations de la chaîne de force, permettant aux entreprises d'optimiser leurs situations de force et de réduire les coûts. En marketing, l'IA peut être utilisée pour incarner le contenu et la publicité, perfectionner l'expérience client et générer des transactions.

Commerce électronique

Le commerce électronique a transformé le secteur de la vente au détail, offrant aux entreprises une nouvelle façon d'atteindre les clients et de vendre leurs produits en ligne. Les plateformes de commerce électronique telles que Shopify, Woo Commerce et Magenta peuvent être utilisées par les entreprises pour lancer rapidement et facilement une boutique en ligne sans avoir besoin de connaissances techniques ou spécialisées. Le commerce électronique présente plusieurs avantages, notamment un plus large public, un meilleur service client et des frais d'exploitation réduits. Les entreprises peuvent atteindre un public mondial sept jours sur sept, 24 heures sur 24, en vendant leurs produits en ligne. Le commerce électronique permet également aux entreprises d'offrir des recommandations personnalisées fondées sur les données clients, perfectionnant l'expérience client et favorisant les transactions.

Analytique des mégadonnées
L'analyse des mégadonnées est apparue comme un outil crucial pour les entreprises, offrant une perception des tendances des demandes des clients et des performances de l'entreprise. En analysant de grandes quantités de données, les entreprises peuvent prendre des décisions éclairées, identifier les opportunités de croissance et optimiser leurs opérations.

L'analyse des mégadonnées peut être utilisée dans divers domaines, du marketing aux opérations de la chaîne d'approvisionnement. En marketing, les entreprises peuvent utiliser les données pour incarner le contenu et la publicité, perfectionner l'expérience client et générer des transactions. Dans les opérations de chaîne de force, les données peuvent être utilisées pour optimiser les situations de force, réduire le gaspillage et améliorer les délais de livraison.

Internet des effets (IoT)

L'Internet des effets (IoT) est devenu un mot à la mode ces derniers temps, faisant référence au réseau connecté d'objets physiques tels que des véhicules, des structures et d'autres objets dotés de détecteurs, de logiciels et de connectivité. L'IoT offre aux entreprises une gamme d'avantages, allant du perfectionnement de l'efficacité et de la productivité à la création de nouvelles opportunités de profit.

En utilisant le biais IoT, les entreprises peuvent collecter des données sur leurs opérations et utiliser ces données pour optimiser leurs processus, réduire les coûts et améliorer la satisfaction des clients. À titre d'illustration, dans le secteur de la fabrication, les détecteurs IoT peuvent être utilisés pour suivre le fonctionnement des machines et des équipements, en minimisant les temps d'arrêt et les frais de conservation. Dans le commerce de détail, les détecteurs IoT peuvent être utilisés pour suivre les situations de force, permettant aux entreprises de réapprovisionner les produits plus efficacement.

Applications mobiles

Les opérations mobiles sont devenues un outil essentiel pour les entreprises, offrant une gamme d'avantages allant du perfectionnement de l'engagement client à l'augmentation des bénéfices. En développant une application mobile, les entreprises peuvent offrir une expérience plus personnalisée à leurs clients, leur permettant d'acheter leurs produits ou services en déplacement.

Les opérations mobiles peuvent également être utilisées pour collecter des données sur les clients, ce qui permet aux entreprises de conformer plus efficacement leurs stratégies de marketing et de vente. Par exemple, en analysant les données d'une application mobile, les entreprises peuvent identifier les produits ou services les plus populaires auprès de leurs clients et utiliser ces informations pour développer des mastodontes marketing ciblés.

Chaîne de blocs

La technologie Blockchain est apparue comme un changeur de jeu dans de nombreux domaines, offrant des avantages similaires à une meilleure sécurité, transparence et efficacité. Blockchain est un système de pointage décentralisé qui permet des transactions sécurisées et inviolables.

Dans la finance, la blockchain peut être utilisée pour améliorer la sécurité et la transparence des transactions fiscales, réduisant ainsi la menace de fraude et de crimes. Dans les opérations de la chaîne d'approvisionnement, la blockchain peut être utilisée pour suivre le mouvement des marchandises et s'assurer qu'elles sont authentiques et non fausses.

La cyber-sécurité

Avec la dépendance accrue à la technologie, la cybersécurité est devenue une préoccupation essentielle pour les entreprises de toutes tailles. Les cyberattaques peuvent entraîner des violations de données, des pertes fiscales et des atteintes à la réputation, ce qui oblige les entreprises à investir dans des mesures de cybersécurité robustes.

En utilisant ces outils, les entreprises peuvent protéger leurs réseaux et leurs données des cyber-pièges et assurer l'intégrité de leurs opérations.

En conclusion, la technologie est devenue un outil nécessaire pour les entreprises qui cherchent à atteindre la croissance et le succès. Du cloud computing à la cybersécurité, les entreprises peuvent utiliser une gamme d'outils et de ressources pour rationaliser leurs opérations, atteindre de nouveaux clients et obtenir un avantage concurrentiel dans leur diligence séparée. En se tenant au courant des dernières avancées technologiques et en les intégrant à leurs opérations, les entreprises peuvent se positionner pour une croissance et un succès à long terme.

Chapitre 11

Marketing de votre start-up : construire votre marque et votre clientèle

Le marketing est un élément essentiel de toute initiative réussie. C'est le processus de promotion et de vente de produits ou de services aux clients. Le marketing implique une gamme de conditionnements, allant de l'édification de la conscience de la marque à la génération de prospects et à la conclusion d'accords. Dans cette composition, nous explorerons les stratégies et tactiques colorées que les startups peuvent utiliser pour commercialiser leurs entreprises, développer leurs marques et développer leur clientèle.

Développez votre identité de marque
La première étape dans la vente de votre incipiency est de développer votre identité de marque. Votre identité de marque est la représentation visuelle de votre entreprise, y compris votre totem, votre site Web, vos accessoires marketing

et d'autres rudiments d'impression. Votre identité de marque doit être harmonieuse sur tous les canaux et refléter les valeurs et la personnalité de votre entreprise.

Pour développer votre identité de marque, commencez par définir la mission et la vision de votre marque. Quel problème votre début résout-il, et quelle est votre chose ultime ? Produisez ensuite une identité visuelle qui reflète la personnalité, les valeurs et la mission de votre marque. Cela inclut votre totem, votre palette de couleurs, votre typographie et d'autres rudiments de conception.

Créer un site Web
Votre site Web est votre vitrine en ligne, où les clients peuvent en savoir plus sur votre entreprise, vos produits et vos services. Votre site Web doit être visuellement charmant, facile à naviguer et optimisé pour les moteurs de recherche.

Lors de la création de votre site Web, concentrez-vous sur l'expérience du stoner. Assurez-vous que votre site Web est réactif et adapté aux mobiles, afin qu'il ait fière allure sur n'importe quel appareil. Utilisez un langage clair et concis pour décrire votre entreprise et ses immolations, et incluez des images et des vidéos de haute qualité pour présenter vos produits ou services.

Influencer les médias sociaux

Il fournit une plate-forme pour se connecter avec les invités, établir des liens et promouvoir votre entreprise. Il existe de nombreuses plateformes de médias sociaux parmi lesquelles choisir, notamment Facebook, Instagram, Twitter et LinkedIn.

Pour utiliser efficacement les médias sociaux, commencez par définir votre stratégie de médias sociaux. Identifiez les plates-formes les plus applicables à votre entreprise et à vos abonnés, et développez une stratégie de contenu qui s'aligne sur l'identité et les prétentions de votre marque. Utilisez les médias sociaux pour interagir avec vos abonnés, partager du contenu applicable et promouvoir vos produits ou services.

Marketing de contenu

Le processus de production et de diffusion de contenu utile, matériel et harmonieux afin d'attirer et de conserver un public cible Le contenu peut inclure des articles de blog, des vidéos, des plaques de mots, des livres blancs et d'autres types de contenu qui donnent de la valeur à vos abonnés.

Pour utiliser efficacement le marketing de contenu, commencez par définir un plan de contenu qui correspond à l'identité et aux prétentions de votre entreprise. Identifiez les thèmes qui s'appliquent le plus à vos abonnés et développez un contenu qui leur apporte de la valeur. Partagez votre contenu sur des canaux colorés, y compris les médias sociaux, le marketing de répartition et votre site Web.

Marketing d'expédition

Le marketing de répartition est un outil important pour les startups pour établir des liens avec les clients et promouvoir leurs entreprises. Le dispatch marketing consiste à transférer des e-mails promotionnels à une liste d'abonnés qui ont décidé d'accepter vos e-mails.

Pour travailler efficacement le marketing de répartition, commencez par dresser votre liste de répartition. Cela peut être fait en offrant une attraction principale, comme un livre électronique ou un livre blanc gratuit, en échange d'adresses d'expédition. Utilisez le marketing de répartition pour promouvoir vos produits ou services, partager du contenu précieux et établir des liens avec vos abonnés.

Marketing d'influence

Le marketing d'influence consiste à s'associer à des influenceurs pour promouvoir vos produits ou services. Les influenceurs sont des personnes très suivies sur les réseaux sociaux ou d'autres plateformes qui peuvent aider à promouvoir votre entreprise auprès de leurs abonnés.

Pour travailler efficacement le marketing d'influence, commencez par mettre en relation les influenceurs qui correspondent à l'identité et aux valeurs de votre marque. Développez une stratégie sur la façon dont vous vous associerez aux influenceurs, que ce soit par le biais de contenus sponsorisés ou d'autres types de collaborations.

Optimisation des machines de chasse (SEO)

L'optimisation de la machine de chasse (SEO) est le processus d'optimisation de votre site Web et de son contenu pour un classement avancé dans les moteurs de recherche (SERP). Lorsque votre site Web apparaît avancé dans les résultats de la recherche, cela peut générer davantage d'activités vers votre site Web et augmenter votre visibilité et votre crédibilité.

Pour travailler efficacement le référencement, commencez par effectuer une exploration des mots-clés pour identifier les mots-clés et les expressions que votre public cible recherche. Utilisez ces mots clés dans le contenu de votre site Web, y compris vos titres, titres et méta descriptions. assurez-vous que votre site Web est bien structuré et facile à naviguer, et qu'il se charge rapidement.

Promotion payante

La publicité payante implique de dépenser des ploutocrates pour annoncer votre entreprise via une variété de plates-formes, y compris des machines de chasse, des médias sociaux et des annonces d'affichage. Vous pouvez élargir votre audience et augmenter les activités de votre site Web en utilisant la publicité payante.

Lancez-vous en définissant vos objets publicitaires et en choisissant les plateformes les plus applicables pour votre suivi si vous souhaitez utiliser efficacement la publicité payante. Réalisez des mastodontes publicitaires en harmonie avec l'identité et les objets de votre marque, et recouvrez-les également pour maximiser votre budget publicitaire.

Affaires publiques

Pour vendre votre entreprise et induire une exposition, les relations publiques (RP) impliquent d'établir des liens avec des intelligencers et des médias. Vous pouvez atteindre un public plus large et améliorer votre visibilité et votre caractère à l'aide des relations publiques.

Produisez une liste médiatique d'intelligencers et de publications qui couvrent les problèmes applicables à votre entreprise pour commencer à utiliser les relations publiques avec succès. Présentez votre histoire aux intelligencers et aux médias tout en développant un plan de relations publiques en harmonie avec l'identité et les objets de votre marque.

Le marketing d'affiliation

L'objectif du marketing de référence est d'inciter les clients à recommander votre entreprise à leurs mousquetaires et à leur famille. L'établissement de liens avec vos consommateurs et la génération de nouveaux prospects peuvent tous deux être réalisés grâce au marketing de référence.

Produisez un programme de parrainage qui récompense vos invités pour avoir rattaché leurs mousquetaires et leur famille à votre entreprise afin d'utiliser efficacement le marketing de parrainage. Cela peut être fait par le biais de réductions, de produits gratuits ou d'autres prix.

En conclusion, la vente de votre incipiency est essentielle pour créer un nom pour vous-même et une clientèle. En définissant votre identité de marque, en érigeant un site Web, en utilisant les médias sociaux, le marketing de contenu, le marketing d'expédition, le marketing d'influence, le référencement, la publicité payante, les relations publiques et le marketing de référence, vous pouvez promouvoir efficacement votre entreprise et induire la croissance de votre établissement. Il est essentiel de concevoir une stratégie marketing approfondie qui correspond à l'identité et aux prétentions de votre marque et de disséquer et d'améliorer régulièrement votre conditionnement marketing pour vous assurer d'atteindre votre public cible et de produire des résultats pour votre association.

Chapitre 12

Stratégies de vente : Conclure des offres et augmenter les revenus

Toute association qui souhaite conclure des accords et augmenter ses bénéfices doit avoir des styles d'accord efficaces. Des stratégies de transaction efficaces aident les entreprises à établir des liens avec leurs clients, à comprendre leurs exigences et leurs préférences et à produire des résultats qui répondent à leurs points faibles. Cet article passera en revue 10 façons d'augmenter les bénéfices et d'aider votre entreprise à conclure des affaires.

Choisissez un suivi cible

La première étape de la création d'une stratégie de transaction réussie consiste à déterminer qui est votre client cible. Cela implique d'appréhender leur démographie, leurs goûts, leurs problèmes et leur capacité à faire face motifs. Comprendre votre demande cible peut vous aider à produire des résultats qui reflètent leurs conditions et leurs préférences, ainsi qu'à personnaliser votre stratégie de transaction pour transmettre efficacement les avantages de vos biens ou services.

Produire une identité de marque forte
L'identité de votre marque est un élément crucial de l'approche de toute transaction. La personnalité, les croyances, les messages et l'identité visuelle de votre marque sont tous inclus. Construire la confiance avec vos invités, vous démarquer de la concurrence et fournir une expérience client mémorable et intrigante peuvent tous être atteints avec une identité de marque forte.

Développez votre canal d'offres
Le système que vous utilisez pour transformer les invités implicites en os payants
est connu comme votre canal de transactions. Cela comprend la relation avec les prospects implicites, leur développement tout au long du processus de transaction et la conclusion de la transaction. Pour déplacer efficacement les clients implicites via le canal des transactions, vous devez comprendre les

étapes du voyage du client et ajuster votre stratégie pour chacune d'entre elles.

Créez des liens avec vos invités

Pour que vous développiez des relations avec vos clients et gagniez leur confiance et leur fidélité. Cela implique de prêter une attention particulière à leurs désirs et à leurs exigences, de donner des résultats acclimatés et de fournir un excellent service client. Vous pouvez stimuler la fidélisation de la clientèle et encourager la fidélisation des clients en cultivant de bonnes relations avec vos consommateurs.

Utilisez les offres comme moyen d'influence

Pour transmettre de manière convaincante la valeur de vos biens ou services et conclure des affaires, diverses stratégies peuvent être utilisées. Cela inclut la capacité d'entendre laborieusement, de gérer les reproches et de négocier. Vous pouvez convaincre les gens de la valeur de vos biens ou services et conclure des affaires en apprenant ces stratégies.

Utiliser la technologie

La technologie a le potentiel d'être un puissant instrument de négociation et d'augmentation des profits. L'utilisation d'un logiciel de gestion de la relation client (CRM) pour gérer les données client, l'automatisation des processus de transaction et l'utilisation d'analyses pour couvrir et améliorer vos transactions ne sont que quelques exemples de la façon de procéder.

En utilisant le marketing de contenu, ajoutez de la valeur

La création et la diffusion de matériel pédagogique qui engage votre clientèle cible et augmente la conscience de la marque est connue sous le nom de marketing de contenu. Vous pouvez établir la confiance avec vos invités et faire de votre marque un leader d'opinion dans votre domaine en ajoutant de la valeur à votre contenu.

Promouvoir et offrir des impulsions

Les élévations et les impulsions peuvent être des stratégies importantes pour ajouter des offres et des bénéfices. Pour encourager les clients à effectuer un achat, cela inclut des réductions d'ameublement, des billets et des offres spéciales. Vous pouvez augmenter la fidélité des clients et encourager la fidélisation des clients en proposant ces prix.

Travailler avec les autres

Le partenariat avec des entreprises peut vous aider à augmenter votre portée et à augmenter vos profits. Il s'agit de s'unir avec des entreprises de votre secteur ou dans des os affiliés
pour offrir des résultats packagés ou co-commercialiser les biens ou services de l'autre.

Développement continu
Optimiser votre stratégie de transaction et favoriser la croissance de votre entreprise nécessitent une amélioration constante. Cela implique d'observer et d'examiner les données de vos offres, d'expérimenter de nouvelles idées et de nouveaux styles, et d'apprendre continuellement et de se conformer aux désirs et aux exigences de vos invités.

Des tactiques efficaces de conclusion de transactions sont essentielles pour conclure des transactions et ajouter des revenus à votre entreprise. Vous pouvez réussir à générer des offres et augmenter les bénéfices de votre entreprise en déterminant votre demande cible, en créant votre identité de marque, en créant votre canal d'offres, en cultivant des liens avec vos invités, en utilisant des méthodes d'offres, en exerçant la technologie, en offrant de la valeur grâce au marketing de contenu, en fournissant des impulsions et des élévations. , travailler avec des amis et perfectionner continuellement votre stratégie de transactions. Pour vous assurer de générer le plus de profit possible, il est essentiel d'avoir une stratégie de transaction approfondie qui correspond aux objectifs de votre entreprise. Vous devez également évaluer et améliorer régulièrement vos sueurs.

Priorité à l'expérience client

Pour tisser des liens durables avec vos invités, vous devez offrir une excellente expérience client. Cela implique de fournir un service client de premier ordre, de tenir parole et de rendre le processus d'achat simple et facile. Vous pouvez renforcer la fidélité des clients et encourager la fidélisation des clients en mettant fortement l'accent sur l'expérience client.

Définir des objets atteignables

Pour mesurer avec succès les performances de votre plan de deals, des prétentions de deals objectives doivent être définies. Cela implique d'établir des prétentions à court et à long terme qui sont en ligne avec les objets de votre entreprise et de suivre votre succès en le faisant. Vous pouvez suivre efficacement vos progrès et modifier votre plan si nécessaire pour vous assurer que vous êtes sur la bonne voie pour négocier vos prétentions en définissant des prétentions réalistes.

Dépense ploutocrate pour la formation et la croissance

Il est possible de s'assurer que votre équipe de négociation possède les capacités et les connaissances nécessaires pour vendre vos biens ou services et conclure des transactions en investissant dans leur formation et leur développement. Il s'agit d'offrir des ouvertures de formation et de coaching en continu, ainsi que d'évolution professionnelle et de création. Vous pouvez créer un peloton hautement performant, apte à générer des transactions et à augmenter les bénéfices de votre entreprise en investissant dans votre personnel de négociation.

Dépense ploutocrate pour l'éducation et le développement

En investissant dans leur formation et leur développement, vous pouvez vous assurer que votre peloton de transactions dispose des compétences et des connaissances nécessaires pour vendre vos produits ou services et conclure des transactions. Offrir des opportunités de coaching et de formation continue ainsi que d'évolution de carrière et de création relève de cet ordre. En investissant dans votre équipe de transactions, vous pouvez constituer un peloton hautement performant capable de générer des transactions et d'augmenter les revenus de votre entreprise.

Pour que chaque association conclue des accords et augmente ses bénéfices, des styles de transaction efficaces sont essentiels. En vous concentrant sur la relation de votre demande cible, la création de votre identité de marque, la création de votre canal d'offres, la culture de liens avec vos invités, l'exercice de méthodes d'offres, l'exercice de la technologie, la fourniture de valeur grâce au marketing de contenu, la fourniture d'impulsions et d'élévations, la collaboration avec des amis, le perfectionnement continu de vos offres stratégie, se concentrer sur l'expérience client, établir des prétentions raisonnables, investir dans la formation et le développement, mesurer et évaluer vos résultats, etc., vous pouvez augmenter vos affaires. Pour garantir que vous favorisez une croissance durable, il est essentiel d'avoir un plan de transaction complet qui correspond aux objectifs de votre entreprise. Vous devez également estimer et optimiser régulièrement vos offres.

Chapitre 13

Faire évoluer votre entreprise : naviguer dans la croissance et l'expansion

Pour les entrepreneurs, l'enjambement d'un établissement peut être à la fois un moment instigateur et délicat. La phase à venir, anciennement un lancement, consiste à le développer en saisissant de nouvelles demandes, en dynamisant les affaires et en perfectionnant l'efficacité fonctionnelle. Pourtant, afin de s'assurer que la croissance est économique et durable, la croissance d'un établissement nécessite une planification et une poursuite rigoureuses. Les tactiques pour développer votre entreprise et naviguer dans la croissance et l'expansion seront couvertes dans cet article.

Définissez les objectifs et la vision de votre entreprise.

Il est essentiel d'avoir une bonne compréhension des objectifs et de la vision de votre entreprise avant de l'évaluer. Cela implique de déterminer votre public cible, de sonder vos rivaux et de développer une proposition de valeur de nom. Votre capacité à produire une stratégie de croissance ciblée et productive tout en étant conforme à votre vision globale dépend de votre capacité à comprendre facilement vos objectifs commerciaux.

Produire un peloton important

Enjamber votre établissement nécessite de constituer un peloton solide. Embaucher des personnes brillantes qui partagent votre vision et vos valeurs, leur donner les outils et le soutien dont ils ont besoin pour s'épanouir et cultiver un environnement de travail innovant en sont des exemples. Vous pouvez utiliser les connaissances globales de votre personnel pour alimenter la croissance et l'expansion en constituant un peloton compétent.

Construisez vos procédures commerciales

Vous devez mettre en place des processus efficaces et performants si vous souhaitez développer votre établissement. Cela implique de rationaliser vos procédures commerciales, de les automatiser lorsque vous le pouvez et de perfectionner en permanence votre flux de travail. Vous pouvez dynamiser votre activité, réduire vos coûts et améliorer la qualité générale de vos produits ou services en perfectionnant vos procédures commerciales.

Utiliser la technologie

La technologie a le potentiel d'être un instrument puissant pour la croissance de votre entreprise. Cela comprend l'utilisation de technologies et d'outils pour rationaliser les opérations, augmenter la productivité et améliorer la satisfaction des clients. Par exemple, vous pouvez utiliser les plateformes de médias sociaux pour communiquer avec les clients et promouvoir votre marque, tandis qu'un système de gestion de la relation client (CRM) peut vous aider à gérer les relations clients et les données de transaction.

Étendez le marché que vous servez

L'une des principales tactiques pour développer votre entreprise consiste à augmenter la portée de vos demandes. Cela implique de choisir de nouvelles demandes ou de demander des pièces à cibler, de créer de nouveaux produits ou services pour nourrir ces consommateurs et d'étendre vos réseaux de distribution. Vous pouvez développer votre clientèle, réaliser des bénéfices supplémentaires et diversifier votre activité en étendant la portée de votre demande.

Établir des alliances stratégiques
La création d'alliances stratégiques peut vous aider à développer votre entreprise et à répondre efficacement aux nouvelles demandes. Cela implique de s'unir à des associations ou des entreprises qui sont réciproques aux vôtres mais qui ont des prétentions et des valeurs analogues. Vous pouvez percer de nouveaux coffres, admettre des informations perspicaces et puiser dans les côtelettes de vos amis pour accélérer la croissance en travaillant avec d'autres entreprises.

Élever le ploutocrate
Pour évaluer votre établissement, vous avez constamment besoin de plus de ploutocrates pour soutenir le développement et l'expansion. Cela comprend l'adoption de ploutocrates, l'émission d'actions et l'emprunt de fonds auprès d'investisseurs ou d'associations fiscales. Vous pouvez développer votre entreprise de marketing, acheter de nouveaux biens, services ou technologies, augmenter votre capacité à fonctionner, et plus encore en levant des fonds.

Observez et modifiez votre approche
Il est important d'examiner et d'ajuster continuellement votre plan au fur et à mesure que vous développez votre entreprise. Pour maximiser vos bénéfices, vous devez suivre des indicateurs de performance cruciaux (KPI) tels que la croissance des bénéfices, les frais d'acquisition de clients et les taux de fidélisation des clients. Vous pouvez vous assurer que votre entreprise se développe de manière durable et économique en suivant régulièrement les performances et en modifiant votre plan.

Pour s'assurer que la croissance est économique et durable, s'étendre sur un établissement implique une planification et une poursuite rigoureuses. Vous pouvez naviguer avec succès dans la croissance et l'expansion et évaluer votre entreprise en définissant vos prétentions et votre vision commerciales, en assemblant un peloton solide, en développant vos processus commerciaux, en exerçant la technologie, en étendant la portée de votre demande, en formant des connexions stratégiques, en levant des capitaux et en observant et en modifiant votre stratégie. . Pour garantir que vous favorisez une croissance durable pour votre entreprise, il est essentiel de garder à l'esprit vos prétentions, de disséquer vos progrès et d'améliorer continuellement vos styles.

Chapitre 14

Éviter les pièges entrepreneuriaux courants

Le parcours entrepreneurial est passionnant et plein d'opportunités et de difficultés. En effet, même les propriétaires d'entreprise les plus chevronnés peuvent faire des erreurs de calcul en raison des innombrables pièges de la diligence, malgré l'éventualité d'énormes avantages. Dans cette composition, nous parlerons de certains problèmes commerciaux typiques et de la manière de les résoudre.

Problèmes de mise au point

Le manque d'attention est l'une des erreurs de calcul les plus courantes en entreprise. Cela peut apparaître de différentes manières, comme essayer d'explorer simultanément trop d'idées commerciales ou de prioriser les tâches de manière inappropriée. Il est essentiel de hiérarchiser vos prétentions et vos objets et d'avoir une vision claire pour que votre entreprise échappe à ce piège. Produisez un plan stratégique qui

explique les prétentions de votre entreprise et les actions que vous devez entreprendre pour les négocier. Déléguez ou externalisez les tâches qui ne sont pas essentielles à votre cœur de métier afin que vous puissiez vous concentrer sur les os
Cela aura la plus grande influence sur votre entreprise.

Ne pas confirmer la demande
L'échec de la validation de la demande est un autre boobs fréquent
De nombreux propriétaires d'entreprise ont des idées brillantes mais négligent souvent de tester ces idées avec des invités factuels. Il est essentiel d'effectuer une exploration de la demande avant de démarrer votre établissement pour comprendre la demande de votre cible, ses demandes et sa volonté de payer pour votre bien ou service. Cela peut vous aider à affiner la conception de votre entreprise, à repérer des rivaux potentiels et à créer un plan marketing qui plaît à votre public cible.

Opération fiscale timide
Un autre piège typique de l'entrepreneur est une mauvaise opération ploutocratique. Il est essentiel de maintenir des registres fiscaux

appropriés et de garder un œil sur vos revenus et charges. Produisez une stratégie budgétaire qui détaille votre plan de dépenses, vos projections de rentrées de fonds et vos objectifs de profit. Pour vous aider à gérer vos finances et à prendre des décisions fiscales judicieuses, pensez à travailler avec un comptable ou un conseiller fiscal.

Déficit de résilience
Il y a de nombreux hauts et des bas dans le parcours entrepreneurial. Il est essentiel d'avoir de l'adaptabilité et la capacité de se remettre des échecs si vous voulez être un entrepreneur prospère. Lorsqu'ils défient les difficultés ou les échecs, de nombreux chefs d'entreprise perdent la provocation. Concentrez-vous sur l'établissement de l'adaptabilité et d'une station de croissance pour éviter de tomber dans ce piège. Continuez à croire en votre truc pour votre entreprise et admettez que les échecs sont des opportunités de croissance.

Une opération par manque de temps
Pour les propriétaires d'entreprise qui veulent être productifs et réussir, les compétences en gestion du temps sont essentielles. De nombreux propriétaires d'entreprise ont du mal à gérer leur

temps car ils essaient de faire trop de tâches à la fois. Priorisez vos tâches et gérez bien votre temps pour éviter ce piège. Pour vous aider à rester sur la bonne voie et à gérer avec succès votre charge de travail, pensez à utiliser des outils de productivité tels que des opérations d'observation du temps ou des logiciels d'opérations de conception.

Manque de délégation
De nombreux propriétaires d'entreprises commettent l'erreur d'essayer de tout gérer par eux-mêmes. Déléguer des responsabilités à d'autres est tout aussi vital que d'être actif et impliqué dans votre entreprise. En attribuant des tâches à d'autres, vous pouvez augmenter la productivité, vous concentrer sur vos tâches principales dans l'usine et encourager les gens à apprendre de nouvelles côtelettes et à assumer la responsabilité de leur travail. Pour gérer votre charge de travail et développer votre établissement, pensez à ajouter du personnel, à sous-traiter du travail ou à travailler avec des pigistes.

Ne pas être adaptable
Les entrepreneurs qui veulent réussir dans un domaine commercial en constante évolution doivent être

adaptables. De nombreux propriétaires d'entreprises s'installent dans leurs habitudes et sont inaptes à changer avec le temps ou à répondre aux changements demandés. Tenez-vous au courant des mouvements de demandes et soyez prêt à modifier votre plan d'affaires si nécessaire pour éviter cet écueil. Pour développer votre entreprise, soyez ouvert aux nouvelles généralités et aux preneurs de menaces.

En conclusion, être entrepreneur est un chemin délicat qui demande de la persévérance, de la difficulté et de la fidélité. Éviter les erreurs de calcul typiques, notamment le manque d'attention, l'échec de la validation de la demande, une mauvaise opération fiscale, un manque d'adaptabilité, un fonctionnement timide, un manque de délégation et un manque d'adaptation sont essentiels au succès en tant qu'entrepreneur.

Chapitre 15

Gérer vos finances : budgétisation, prévisions et flux de trésorerie

Le parcours entrepreneurial est passionnant et plein d'opportunités et de difficultés. En effet, même les propriétaires d'entreprise les plus chevronnés peuvent faire des erreurs de calcul en raison des innombrables pièges de la diligence, malgré l'éventualité d'énormes avantages. Dans cette composition, nous parlerons de certains problèmes commerciaux typiques et de la manière de les résoudre.

Problèmes de mise au point

Le manque d'attention est l'une des erreurs de calcul les plus courantes en entreprise. Cela peut apparaître de différentes manières, comme essayer d'explorer simultanément trop d'idées commerciales ou de prioriser les tâches de manière inappropriée. Il est essentiel de hiérarchiser vos prétentions et vos objets et d'avoir une vision claire pour que votre entreprise échappe à ce piège. Produisez un plan stratégique qui explique les prétentions de votre entreprise et les actions que vous devez entreprendre pour les négocier. Concentrez-vous sur les tâches qui auront le plus d'impact sur votre entreprise et déléguez ou externalisez les tâches qui ne sont pas essentielles à votre cœur de métier.

Ne pas confirmer la demande
L'échec de la validation de la demande est un autre boobs fréquent
De nombreux propriétaires d'entreprise ont des idées brillantes mais négligent souvent de tester ces idées avec des invités factuels. Il est essentiel d'effectuer une exploration de la demande avant de démarrer votre établissement pour comprendre la demande de votre cible, ses demandes et sa volonté de payer pour votre bien ou service. Cela peut vous aider à affiner la conception de votre entreprise, à repérer des rivaux potentiels et à créer un plan marketing qui plaît à votre public cible.

Opération fiscale timide
Un autre piège typique de l'entrepreneur est une mauvaise opération ploutocratique. Il est essentiel de

maintenir des registres fiscaux appropriés et de garder un œil sur vos revenus et charges. Produisez une stratégie budgétaire qui détaille votre plan de dépenses, vos projections de rentrées de fonds et vos objectifs de profit. Pour vous aider à gérer vos finances et à prendre des décisions fiscales judicieuses, pensez à travailler avec un comptable ou un conseiller fiscal.

Ne pas être flexible
Le parcours de l'entrepreneuriat est semé d'embûches. Être flexible et capable de se remettre des défaillances sont des compétences essentielles pour les entrepreneurs. Lorsqu'ils sont confrontés à des défis ou à des déceptions, de nombreux propriétaires d'entreprise perdent la provocation. Concentrez-vous sur un état d'esprit de croissance et une capacité d'adaptation structurelle pour éviter de tomber dans ce piège. Cela signifie que les défaillances sont des ouvertures pour grandir et apprendre et pour maintenir un engagement envers la vision de votre entreprise.

Une opération par manque de temps
Pour les propriétaires d'entreprise qui veulent être productifs et réussir, les

compétences en gestion du temps sont essentielles. De nombreux propriétaires d'entreprise ont du mal à gérer leur temps car ils essaient de faire trop de tâches à la fois. Priorisez vos tâches et gérez bien votre temps pour éviter ce piège. Pour vous aider à rester sur la bonne voie et à gérer avec succès votre charge de travail, pensez à utiliser des outils de productivité tels que des opérations d'observation du temps ou des logiciels d'opérations de conception.

Manque de délégation
De nombreux propriétaires d'entreprise font l'erreur d'essayer de tout gérer par eux-mêmes. Déléguer des responsabilités à d'autres est tout aussi vital que d'être actif et impliqué dans votre entreprise. En attribuant des tâches à d'autres, vous pouvez augmenter la productivité, vous concentrer sur vos tâches principales dans l'usine et encourager les gens à acquérir de nouvelles compétences et à assumer la responsabilité de leur travail. Pour gérer votre charge de travail et développer votre établissement, pensez à ajouter du personnel, à sous-traiter ou à travailler avec des pigistes.

Ne pas être adaptable

Les entrepreneurs qui veulent réussir dans un domaine commercial en constante évolution doivent être adaptables. De nombreux propriétaires d'entreprise s'installent dans leurs habitudes et sont inaptes à changer avec le temps ou à répondre aux demandes de changement. Tenez-vous au courant des mouvements de demandes et soyez prêt à modifier votre plan d'affaires si nécessaire pour éviter cet écueil. Pour développer votre entreprise, soyez ouvert aux nouvelles généralités et aux nouveaux preneurs de menaces.

En conclusion, être entrepreneur est un chemin délicat qui demande persévérance, travail acharné et fidélité. Éviter les erreurs de calcul typiques, y compris le manque d'attention, le fait de ne pas valider la demande, une mauvaise opération fiscale, un manque d'adaptabilité, une opération timide, un manque de délégation et un manque d'adaptation, est essentiel pour réussir en tant qu'entrepreneur.

Chapitre 16

Gestion efficace du temps : Priorisation et délégation des tâches

Les entrepreneurs et les chefs d'entreprise doivent être des administrateurs à temps plein. Il peut être délicat de réussir à gérer son temps et à négocier ses prétentions professionnelles lorsque l'on a tant de devoirs et de responsabilités à assumer. Dans cet article, nous examinerons l'importance d'établir des priorités et d'attribuer des tâches à d'autres en tant que tactiques essentielles pour une gestion efficace du temps.

Mettre les tâches en ordre

L'établissement de priorités de travail est l'un des facteurs les plus importants d'une gestion efficace du temps. Vous pouvez vous concentrer sur les scores les plus importants et consacrer votre temps et vos ressources en conséquence en hiérarchisant vos tâches. Voici quelques conseils pour définir la priorité de vos tâches.

Choisissez vos tâches les plus importantes
Commencez par choisir les tâches les plus importantes pour atteindre vos objectifs commerciaux. Celles-ci peuvent impliquer un conditionnement qui augmente le bonheur des clients, attire de nouveaux clients ou génère des bénéfices.
Une fois que vous avez déterminé quelles tâches sont les plus importantes, classez-les en fonction de leur importance. Tenez compte du temps et des ressources nécessaires pour exécuter chaque tâche, ainsi que de la manière dont cela peut affecter les objectifs de votre entreprise.
Fixez des délais Après avoir priorisé vos tâches ; donner à chacun un délai précis. Cela vous assurera de rester responsable et concentré tout en poursuivant vos tâches les plus importantes.
Enfin, planifiez vos tâches de manière à utiliser votre temps et vos coffres le plus efficacement possible. Lors de la planification des tâches, tenez compte de vos situations énergétiques et de votre style de travail, et incluez des pauses et du repos pour éviter l'effondrement.

Donner des tâches aux autres

Un autre mode essentiel pour un fonctionnement efficace du temps est la délégation. Vous pouvez libérer du temps et vous concentrer sur vos scores les plus importants en attribuant des tâches à d'autres. Voici quelques conseils pour attribuer efficacement des tâches

Choisissez Tâches à attribuer Commencez par choisir Tâches pouvant être attribuées à d'autres. Ceux-ci peuvent inclure des travaux qui ne sont pas dans votre domaine de motivation, des travaux chronophages mais insignifiants, ou des effets qui peuvent être réalisés plus efficacement par d'autres.

Une fois que vous avez décidé des tâches à assigner, choisissez les personnes applicables pour les admettre. Choisissez les membres du peloton ou les travailleurs les mieux placés pour prendre en charge chaque mission en tenant compte de leur charge de travail, de leur expérience et de leurs compétences.

Donner des instructions spécifiques lors de l'attribution des tâches ; donner des instructions précises sur ce qui doit être fait, comment cela doit être fait et les délais ou règles applicables. Cela garantira que le travail est fait efficacement et docilement.

Éventuellement, établir des perspectives précises de la mission et de sa réalisation. Cela pourrait inclure les dates d'échéance, les critères de qualité et toute autre information importante. Vous pouvez garantir que la mission est terminée à votre satisfaction et éviter toute erreur d'interprétation ou de communication en établissant des perspectives claires.

Avantages d'établir des priorités et de déléguer

Établir des priorités et attribuer des tâches à d'autres sont des moyens de gestion du temps essentiels qui présentent de nombreux avantages pour les propriétaires d'entreprise et les administrateurs. Parmi les nombreux avantages de la hiérarchisation et de la délégation, citons les suivants

Productivité accrue Vous pouvez augmenter votre productivité et négocier plus en moins de temps en vous concentrant sur votre conditionnement le plus important et en attribuant d'autres responsabilités.

Réduction du stress et de l'épuisement professionnel En vous assurant que vous n'êtes pas surchargé par votre charge de travail, la hiérarchisation des tâches et l'attribution des responsabilités peuvent aider à réduire le stress et à vous effondrer.

Plus de prise de décision En établissant des priorités et en attribuant des tâches aux autres, vous pouvez libérer de l'espace cérébral et vous concentrer sur des tâches de prise de décision importantes, notamment élaborer des stratégies d'entreprise ou trouver de nouveaux invités.

Engagement manuel accru En offrant aux membres de votre peloton la possibilité de relever de nouveaux défis et de nouvelles responsabilités, la délégation de tâches peut contribuer à accroître l'engagement manuel.

Flexibilité accrue Vous pouvez renforcer votre rigidité et votre inflexibilité, qui sont nécessaires pour gérer l'évolution des conditions de demande, en déléguant des tâches et en hiérarchisant votre charge de travail. Une gestion efficace du temps grâce à la hiérarchisation des tâches et à la délégation des responsabilités peut également affecter une meilleure communication, un meilleur équilibre travail-vie personnelle et une rentabilité accrue en plus des avantages énumérés ci-dessus.

Améliorer la communication

Vous pouvez améliorer la communication au sein de votre peloton ou de votre association en établissant des priorités et en attribuant des tâches. Pour s'assurer que tout le monde est sur le même chemin et tend vers les mêmes prétentions, une communication claire est essentielle. La hiérarchisation des tâches et l'attribution des tâches vous aident à interagir plus efficacement avec les membres de votre peloton, en donnant ces instructions et ces commentaires clairs pour vous assurer que les tâches sont exécutées rapidement et avec précision.

Équilibre travail-vie personnelle avancé

Un meilleur équilibre travail-vie personnelle peut également affecter des méthodes de fonctionnement efficaces telles que la hiérarchisation des tâches et la délégation des responsabilités. Vous pouvez vous donner plus de temps à vous-même et à votre vie en vous concentrant sur vos tâches les plus importantes et en en attribuant d'autres. Vous pouvez éviter l'effondrement, améliorer votre bien-être interne et devenir ainsi plus productif à la fois dans votre travail et dans votre vie personnelle.

Rentabilité avancée

Une rentabilité accrue peut également être atteinte grâce à des méthodes de gestion du temps efficaces, telles que la hiérarchisation du travail et l'attribution de tâches à d'autres. Vous pouvez vous assurer que votre entreprise fonctionne facilement et efficacement en vous concentrant sur vos tâches les plus importantes et en attribuant d'autres tâches. Cela peut soutenir les progrès en matière de répartition des coûts, de réduction des coûts et de satisfaction des clients, qui peuvent tous conduire à une rentabilité accrue.

Difficultés de priorisation et de délégation
Bien que l'établissement de priorités et l'attribution de tâches à d'autres puissent présenter divers avantages, certains inconvénients doivent être pris en compte. Ensuite, il y a beaucoup de difficultés et de résultats typiques

Confiance Si vous n'avez pas une confiance totale dans les membres ou les travailleurs de votre peloton, déléguer des tâches peut être délicat. Pour contourner ce problème, pensez à offrir une formation ou un soutien pour donner aux membres de votre peloton les capacités et le ton - l'assurance dont ils ont besoin pour terminer la mission avec succès.

La délégation du travail de microgestion peut être délicate si vous avez l'habitude d'être directement impliqué dans chaque élément de votre association. Établissez des perspectives et des règles claires à l'avance, offrez des commentaires et un soutien réguliers pour vous assurer que la mission est remplie à votre satisfaction et évitez la microgestion.

Restrictions de temps Il peut être délicat de bien hiérarchiser les travaux si vous avez un court délai ou beaucoup de coffres. Pour contourner ce problème, pensez à diviser un conditionnement plus important en gobelets inférieurs et plus faciles à gérer et à cataloguer votre temps et vos coffres avec douceur.

Résistance au changement La délégation des responsabilités peut être un grand changement si vous avez l'habitude de tout faire vous-même. Commencez petit et assignez progressivement des tâches pour surmonter la résistance au changement. Cela vous permettra d'augmenter la position de confiance de votre peloton et de vous faciliter la délégation des tâches.

Conclusion

Les entrepreneurs et les chefs d'entreprise doivent prioriser le conditionnement et assigner des tâches aux autres pour gérer efficacement leur temps. Vous pouvez augmenter votre productivité, réduire le stress et l'effondrement, et améliorer votre capacité à faire des opinions en donnant la priorité à vos tâches les plus importantes et en attribuant d'autres tâches. Les avantages de la priorisation et de la délégation en font une compétence essentielle à acquérir pour tout entrepreneur ou chef d'entreprise, malgré les difficultés qui peuvent survenir. Vous pouvez tirer le meilleur parti de votre temps et de vos coffres, négocier vos objets professionnels et propulser votre entreprise vers le succès en mettant ces moyens en pratique.

Chapitre 17

Équilibre travail-vie : maintenir votre santé et vos relations

Les entrepreneurs et chefs d'entreprise doivent trouver un équilibre sain entre leur vie personnelle et professionnelle. Il peut être délicat de trouver un équilibre entre les exigences du travail et une vie particulière, mais cela est essentiel pour le succès à long terme, une vie saine et des relations solides. Cet essai examinera l'importance de l'équilibre travail-vie personnelle et donnera quelques conseils pour le conserver.

Le besoin d'équilibre travail-vie personnelle

L'équilibre travail-vie personnelle est essentiel pour diverses raisons, notamment

Santé mentale Il est essentiel pour votre santé interne de maintenir un équilibre sain entre le travail et la vie personnelle. Le stress, l'anxiété et l'effondrement peuvent résulter du dépassement ou de la négligence de votre vie particulière. Il est essentiel de se donner de l'espace pour se détendre et se ressourcer.

Votre santé physique peut être affectée par un mauvais équilibre travail-vie personnelle. Le dépassement peut causer de la fatigue, un manque de sommeil et d'autres problèmes de santé. Vous pouvez maintenir une bonne santé physique en prenant du temps pour faire de l'exercice, suivre un régime alimentaire et une bonne nutrition.

Connexions L'établissement et le maintien de relations solides nécessitent un bon équilibre entre vie professionnelle et vie privée. Négliger votre vie personnelle pourrait nuire à vos liens avec votre famille et vos mousquetaires et vous faire vous sentir seul.

La productivité peut augmenter en maintenant un équilibre sain entre vie professionnelle et vie privée, ce qui nous amène à notre dernier point. Vous pouvez effectuer d'autres tâches en moins de temps lorsque vous êtes bien reposé, amplifié et concentré. À long terme, prendre soin de soi et faire des pauses peut augmenter votre productivité.

Styles pour préserver l'équilibre travail-vie personnelle

Bien qu'il puisse être délicat de maintenir un équilibre travail-vie personnelle, il existe plusieurs styles que vous pouvez utiliser. Alors sont de nombreux conseils
Donnez la priorité à votre temps L'établissement de priorités pour votre temps est l'un des effets les plus importants que vous puissiez faire pour maintenir un équilibre sain entre le travail et la vie personnelle. Au travail, concentrez-vous sur les tâches les plus importantes et prévoyez du temps pour votre vie personnelle. Tout comme vous le feriez pour les tâches liées à votre travail, prévoyez du temps pour vous dans votre emploi du temps.

Établir une limite fixer des limites entre votre vie personnelle et votre vie professionnelle est inversement crucial. N'utilisez pas de temps particulier pour vérifier les e-mails professionnels ou répondre aux appels professionnels. Soyez transparent dans vos communications avec votre peloton et votre personnel concernant vos vacances et vos absences.

Déléguez des tâches, vous pouvez libérer du temps pour votre vie personnelle en attribuant des tâches aux membres de l'équipe ou aux travailleurs. Travaillez avec votre peloton pour identifier les tâches qui peuvent être assignées et assurez-vous également qu'ils disposent des connaissances et des outils nécessaires pour les exécuter correctement.

Faites des pauses Faire des pauses régulières peut vous permettre de rester revigoré et concentré tout au long de la journée. Faites une promenade, prenez un café ou passez du temps dans une profonde étude ou contemplation. Vous pouvez vous rafraîchir et reprendre le focus en prenant ces pauses.

Pratiquez le soin du ton Maintenir un équilibre sain entre le travail et la vie personnelle nécessite de répéter le soin du ton. L'exercice, une alimentation équilibrée et des pratiques anti-stress comme le yoga ou la contemplation peuvent tous relever de cet ordre. N'oubliez pas de prendre soin de vous et de vous engager dans un conditionnement agréable.

Entretenir des liens solides Le maintien d'un équilibre travail-vie dépend de liens solides avec la famille et les mousquetaires. Prenez du temps pour le conditionnement social et essayez de maintenir des liens avec les individualités qui sont importantes dans votre vie.

Dire non est une compétence essentielle pour établir un équilibre sain entre vie professionnelle et vie privée. Il est respectable de refuser d'autres tâches ou systèmes si vous vous sentez trop engagé ou si vous n'aurez pas le temps de les accomplir. Mettez les tâches les plus importantes en premier et attribuez également les autres.

Conclusion
Les chefs d'entreprise et les entrepreneurs doivent maintenir un équilibre entre vie professionnelle et vie privée. C'est essentiel pour vos relations, votre productivité et votre cordialité interne et physique. Vous pouvez établir un équilibre sain entre vie professionnelle et vie privée et réussir à long terme dans votre vie personnelle et professionnelle en priorisant votre temps, en fixant des limites, en déléguant des responsabilités, en prenant des pauses, en répétant le soin du ton, en développant des liens solides et en apprenant à dire non.

Définir des prétentions réalistes Une autre tactique essentielle pour préserver l'équilibre travail-vie personnelle consiste à définir des prétentions réalistes. Assurez-vous de tenir compte à la fois de votre vie personnelle et professionnelle lorsque vous faites des prétentions. Déterminez ce qui compte le plus pour vous et assurez-vous de réserver du temps pour ces priorités.

La technologie peut vous aider à gérer votre équilibre travail-vie personnelle, mais elle peut aussi être une distraction. Utilisez la technologie à bon escient pour éviter cela. Définissez des restrictions de temps d'écran et évitez de consulter des e-mails ou des dépêches liés au travail pendant votre temps libre pour faire bon usage de la technologie.

Dormez suffisamment est essentiel pour conserver un équilibre sain entre vie professionnelle et vie privée. La fatigue, une faible productivité et d'autres problèmes de santé peuvent affecter le manque de sommeil. Pour rester rafraîchi et revigoré, essayez de dormir au moins 7 à 8 heures chaque nuit.

Prendre des récréations régulières Pour maintenir un équilibre sain entre le travail et la vie personnelle, il faut prendre des récréations régulières. En effet lors du démarrage d'une nouvelle entreprise, il peut être tentant de travailler en continu, mais faire des pauses est essentiel pour se ressourcer et éviter l'effondrement. Planifiez des récréations régulières et utilisez-les pour vous détacher du travail et vous concentrer sur votre vie particulière.

Finalement, demander de l'aide aux autres peut vous aider à maintenir un équilibre sain entre le travail et la vie personnelle. Partagez vos difficultés avec un membre de la famille ou un ami de confiance, ou envisagez de vous engager avec un entraîneur ou un thérapeute. Alors que vous gérez les difficultés de votre travail et de votre vie particulière, ils peuvent vous offrir soutien et orientation.

En conclusion, les chefs d'entreprise et les entrepreneurs doivent maintenir un sain équilibre entre vie professionnelle et vie privée. Vous pouvez atteindre un équilibre travail-vie personnelle sain et réussir à long terme dans votre vie personnelle et professionnelle en priorisant votre temps, en fixant des limites, en déléguant des tâches, en prenant des pauses, en répétant le soin du ton, en développant des liens solides, en établissant des prétentions réalistes, en utilisant la technologie. sagement, dormir suffisamment, prendre des vacances

Temps et recherche de soutien. Il est essentiel de garder à l'esprit que la modification de l'équilibre travail-vie personnelle est un processus qui nécessite une révision constante, car votre priorité en tant que personne et en tant que travailleur change au fil du temps. Mais il est possible de trouver un équilibre satisfaisant et durable entre le travail et la vie personnelle avec les bonnes tactiques et le soutien.

Chapitre 18

Redonner: Responsabilité sociale des entreprises et philanthropie

La philanthropie et la responsabilité sociale commerciale (RSE) sont des facteurs importants dans la conduite des affaires dans le monde ultramoderne. Les entreprises peuvent avoir un impact salutaire sur leurs communautés, développer la fidélité à la marque et attirer les meilleurs talents en donnant la priorité à la société et au terrain. Cette composition mettra en évidence les avantages de la philanthropie et de la responsabilité sociale commerciale ainsi que des styles colorés pour faire appliquer ces idées dans votre entreprise. Biens positifs de la philanthropie et de la responsabilité sociale commerciale valorisation du caractère valoriser son caractère est l'un des principaux avantages de la RSE et de la philanthropie. Les entreprises peuvent accroître la confiance et la fidélité des clients, des employés et des parties prenantes en redonnant à leurs communautés. Les entreprises peuvent se démarquer de leurs concurrents et produire une image de marque favorable en affichant un engagement sur les questions sociales et environnementales.

Amélioration de l'engagement des employés L'amélioration de l'engagement des mains est un avantage de la responsabilité sociale commerciale et de la philanthropie. Des études ont montré que lorsque les gens travaillent pour un établissement qui valorise les enjeux sociaux et environnementaux, ils sont plus susceptibles d'être engagés et motivés. Les entreprises peuvent donner à leurs travailleurs un sens et un sens en intégrant la RSE et la charité dans leurs pratiques commercialisables.

La fidélité des clients est accrue Les entreprises qui accordent une grande priorité à la RSE et à la charité peuvent accroître la fidélité des clients. Les entreprises qui partagent leurs convictions et ont un impact salutaire sur la société et le terrain sont plus susceptibles d'admettre le soutien des clients. Les entreprises peuvent établir des liens durables avec leurs clients en faisant correspondre leurs valeurs à celles de leur public cible.

Les entreprises qui accordent une grande priorité à la RSE et à la philanthropie sont également plus susceptibles d'attirer une excellente main-d'œuvre. Les travailleurs sont plus enclins à vouloir travailler pour une association qui priorise les enjeux sociaux et environnementaux et a des prétentions qui vont au-delà de la réussite fiscale. Les entreprises peuvent retenir et conserver les meilleurs talents en intégrant la RSE et la charité dans leurs pratiques commercialisables.

Modes d'intégration de la RSE et de la philanthropie pour votre entreprise

Identifiez vos valeurs Le choix de vos valeurs est la première étape pour intégrer la RSE et la charité dans votre entreprise. Quels enjeux environnementaux et sociaux sont importants pour vous et votre entreprise ? Une fois que vous avez déterminé vos valeurs, vous pouvez commencer à produire un plan d'action pour faire face à ces problèmes.

Une excellente façon de redonner à votre communauté et d'avoir un impact positif est de vous unir à des associations à but non lucratif. Recherchez des ONG dont les prétentions et les valeurs sont analogues aux vôtres et imaginez comment vous deux pouvez travailler ensemble sur certains systèmes ou événements. Vous pouvez également envisager de donner une partie de vos revenus à une association caritative en laquelle vous croyez.

Faites du bénévolat dans votre communauté Redonner à votre communauté et avoir un impact positif sur celle-ci sont tous deux possibles grâce au bénévolat. Encouragez votre personnel à participer à des ouvertures de services communautaires ou à but non lucratif originaux, et pensez à planifier des journées de prélèvement à l'échelle de l'entreprise.

Réduisez votre empreinte environnementale Un autre élément essentiel de la RSE consiste à intégrer des pratiques commerciales durables. Recherchez des mesures pour réduire votre impact sur le terrain, similaires à l'application de règles de transport écologiques

Diminuer les déchets et utiliser des sources d'énergie renouvelables.

Soutenir la diversité et l'addition Un autre élément essentiel de la RSE est de soutenir la diversité et l'inclusion. Envisagez d'adopter une formation sur la diversité et l'addition, de former des groupes d'affinité et d'aider des groupes de ressources comme stratégies pour favoriser une usine plus diversifiée et inclusive.

Encouragez le don de la main en offrant des congés payés pour faire du bénévolat ou des dons de contrepartie à des associations à but non lucratif. Cela peut montrer votre fidélité aux questions sociales et environnementales et aider votre entreprise à favoriser une culture du don.

Finalement, l'ajout de la RSE et de la philanthropie dans votre entreprise peut avoir un bon impact sur votre quartier, augmenter la fidélité des clients, remonter le moral des mains, attirer les meilleurs cadeaux et améliorer votre caractère. Vous pouvez créer une entreprise plus durable et plus responsable en définissant vos principes, en vous unissant à des organisations à but non lucratif, en faisant du bénévolat dans votre communauté, en réduisant votre impact environnemental, en promouvant la diversité et l'addition et en encourageant les bienfaits des mains. Gardez à l'esprit qu'aider les autres n'est pas seulement la chose éthique à faire, mais cela peut aussi avoir un impact positif à long terme sur vos finances.

De nouveaux conseils pour intégrer la RSE et la charité dans votre entreprise sont présentés ci-dessous. Rendre votre chaîne de force socialement et écologiquement responsable en tenant compte de ces facteurs. Travaillez avec des fournisseurs qui accordent une grande priorité aux pratiques éthiques et durables, et pensez à établir des programmes et des directives pour vos fournisseurs afin de s'assurer qu'ils respectent vos normes environnementales et sociales.

Mesurez et signalez votre impact Il est plus facile de suivre votre développement et d'informer les parties prenantes de vos réalisations en mesurant et en signalant votre impact social et environnemental. Pour couvrir votre succès, pensez à utiliser des mesures telles que les émigrations de carbone, la réduction des déchets et l'effet communautaire.

Intégrez la RSE et la philanthropie dans la culture de votre entreprise Donner à votre personnel un sens et un but peut être atteint en intégrant la RSE et la charité dans votre culture commerciale. Envisagez d'organiser des conditionnements ou des systèmes à l'échelle de l'entreprise qui reflètent vos valeurs et exprimez constamment votre soutien aux causes sociales et environnementales.

Soyez transparent et authentique Il est essentiel d'être transparent et authentique lors de l'intégration de la RSE et de la philanthropie dans votre entreprise. Ne vous contentez pas de participer à ces conditionnements pour améliorer votre caractère. Faites un effort sincère pour relever les défis sociaux et environnementaux, et soyez honnête et ouvert lorsque vous décrivez vos croyances et vos objectifs.

à vos parties prenantes.

Vous pouvez créer une entreprise plus flexible et axée sur les charges en appliquant ces tactiques dans votre entreprise. N'oubliez pas qu'aider les autres n'est pas seulement la chose morale à faire, mais cela peut aussi être rentable pour votre entreprise à long terme. Vous pouvez développer une clientèle dévouée, faire un grand noviciat et avoir une influence salutaire sur votre quartier et sur le monde en accordant la priorité aux questions sociales et environnementales.

Chapitre 19

Préparer l'avenir : construire votre stratégie de sortie

Les entrepreneurs doivent réfléchir à l'avenir de leur entreprise ; y compris comment et quand ils veulent partir. Que vous preniez votre retraite, que vous démarriez une nouvelle entreprise ou que vous vouliez simplement retirer de l'argent, l'élaboration d'une stratégie de sortie peut vous aider à assurer une transition en douceur lorsque vient le temps de quitter votre entreprise. Cette composition examinera les rudiments essentiels de la création d'une stratégie de sortie réussie.

Établir vos prétentions est la première étape de l'élaboration d'une stratégie de sortie. Vous cherchez à augmenter la valeur de votre entreprise ? Vous vous inquiétez de l'avenir de votre entreprise ? Donnez-vous la priorité au soutien de votre famille ? En définissant vos prétentions, vous pouvez choisir le plan d'action le plus stylé pour votre stratégie de départ.

Identifiez les stratégies de départ implicites Il existe plusieurs stratégies de départ implicites à prendre en compte, telles que la vente de votre entreprise à un tiers, l'octroi d'actions aux travailleurs ou aux membres de la famille ou l'introduction en bourse. Réfléchissez au système qui convient le mieux à vos objets, car chacun a ses propres avantages et inconvénients.

Établir la valeur de votre entreprise Vous devez déterminer la valeur de votre entreprise pour vous préparer à une sortie réussie. Ceci peut être réalisé en effectuant une analyse d'évaluation, qui prendra en compte des rudiments tels que la performance financière de votre établissement, les tendances de la demande et les tendances de l'assiduité.

Préparez votre établissement pour le commerce Si vous avez l'intention de vendre votre établissement, il est essentiel de le faire dès que possible. Cela peut améliorer vos rapports fiscaux, optimiser vos processus commerciaux et élargir votre clientèle. Pour vous aider à naviguer dans le processus de transaction, vous pouvez également envisager d'engager un courtier ou un avocat.

Produire un plan de course Il est essentiel de produire un plan de course si vous avez l'intention de céder le pouvoir de votre entreprise à des membres de votre famille ou à des travailleurs. Cela devrait impliquer de choisir des réserves appropriées, de les préparer à reprendre votre passif et de fixer une date limite pour le transfert de pouvoir.

Protégez votre entreprise Il est essentiel de protéger votre entreprise contre les pièges implicites alors que vous vous préparez à prendre votre retraite. Pour vous assurer que vos intérêts sont protégés, cela peut impliquer la révision de vos documents juridiques, tels que votre pacte d'actionnaires ou votre convention d'exploitation. En outre, vous voudrez peut-être penser à souscrire une assurance pour vous protéger de toute responsabilité.

Enfin et surtout, il est essentiel de laisser les parties prenantes cruciales ; y compris les travailleurs, les invités et les investisseurs, connaissez vos stratégies de départ. Cela garantira une transition en douceur et réduira les éventuels bouleversements de l'entreprise.

Cela vous aidera à élaborer une stratégie de sortie qui vous aidera à négocier vos objectifs et à assurer une transition en douceur lorsque viendra le temps de vendre votre entreprise. Réfléchissez dès maintenant à votre stratégie de départ, car il n'est jamais trop tôt pour commencer à planifier l'avenir.

de nouvelles informations sur chacun des processus impliqués dans la création d'une stratégie de sortie réussie sont présentées ci-dessous.

Le plan d'action optimal pour votre stratégie de sortie sera déterminé par la facilité avec laquelle vous définissez vos prétentions. Par exemple, si vous souhaitez maximiser la valeur de votre entreprise, vous pouvez vous concentrer sur l'amélioration de votre performance fiscale et l'élargissement de votre clientèle. Changer un acheteur qui partage vos convictions et votre vision de l'établissement peut être votre objectif principal si vous êtes contrarié par l'héritage de votre association. Vous voudrez peut-être penser à donner à un membre de votre famille le pouvoir de l'entreprise si vous êtes préoccupé par l'ameublement de votre famille.

Identifiez les styles de sortie possibles Il existe plusieurs styles de sortie possibles à prendre en considération, chacun avec ses propres avantages et inconvénients. Un plan de sortie populaire consiste à vendre votre entreprise à un tiers puisque vous pouvez obtenir un bon retour sur votre investissement. Un autre choix consiste à donner aux membres de la famille ou aux membres du personnel le pouvoir de l'entreprise, ce qui peut aider à assurer sa viabilité à long terme. Bien que devenir publique soit un choix plus compliqué, cela pourrait vous donner accès à moins de soutien et d'attention.

Établir la valeur de votre entreprise Vous devez déterminer la valeur de votre entreprise afin de préparer une sortie réussie. Ceci peut être réalisé en effectuant une analyse d'évaluation, qui prendra en compte des rudiments tels que la performance financière de votre établissement, les tendances de la demande et les tendances de l'assiduité. Une bonne évaluation peut aider à garantir que vous êtes payé un prix équitable pour votre entreprise.

Préparez votre établissement pour le commerce Si vous avez l'intention de vendre votre établissement, il est essentiel de le faire dès que possible. Cela peut inclure l'amélioration de vos rapports fiscaux, l'optimisation de vos processus commerciaux et l'élargissement de votre clientèle. Pour vous aider à naviguer dans le processus des transactions, vous pouvez également envisager d'embaucher un courtier ou un avocat. Il est essentiel d'être ouvert et honnête avec les clients potentiels sur les avantages et les inconvénients de votre entreprise.

Produire un plan de course Il est essentiel de produire un plan d'affaires si vous avez l'intention de céder le pouvoir de votre entreprise à des membres de votre famille ou à des travailleurs. Cela devrait impliquer de choisir des réserves appropriées, de les préparer à reprendre votre passif et de fixer une date limite pour le transfert de pouvoir. Afin de garantir un transfert de pouvoir sans faille, vous pouvez également penser à créer un accord de vol-vente.

Protégez votre entreprise Il est essentiel de protéger votre entreprise contre les pièges implicites alors que vous vous préparez à prendre votre retraite. Pour vous assurer que vos intérêts sont protégés, cela peut impliquer la révision de vos documents juridiques, tels que votre pacte d'actionnaires ou votre convention d'exploitation. En outre, vous voudrez peut-être penser à souscrire une assurance pour vous protéger de toute responsabilité.

Enfin et surtout, il est essentiel de laisser les parties prenantes cruciales ; y compris les travailleurs, les invités et les investisseurs, connaissez vos stratégies de départ. Cela garantira une transition en douceur et réduira les éventuels bouleversements de l'entreprise. Il est essentiel d'être ouvert et véridique quant à vos prétentions et de partager autant d'informations importantes que possible sur l'avenir de l'entreprise.

Il faut du temps et du travail pour développer une stratégie de sortie efficace, mais cela est essentiel au succès à long terme de votre entreprise. Vous pouvez aider à assurer une transition en douceur lorsqu'il est temps de quitter votre entreprise en définissant vos prétentions, en associant des stratégies de sortie implicites, en déterminant la valeur de votre entreprise, en préparant votre entreprise pour le commerce, en élaborant un plan de course, en protégeant votre entreprise et en communiquant vos plans à parties prenantes cruciales.

Chapitre 20

Leçons apprises : Réflexions et idées d'entrepreneurs prospères

Pour les propriétaires d'entreprise en herbe et actuels, apprendre des erreurs de calcul et des succès de grands entrepreneurs peut être une source inestimable de connaissances. Viennent ensuite quelques conformités et conseils d'hommes d'affaires prospères

La continuité est payante : la continuité est l'un des traits les plus courants chez les hommes d'affaires prospères. Face aux obstacles ou aux échecs, ils n'abandonnent pas ; au contraire, ils continuent d'avancer. Par exemple, Elon Musk, le créateur de SpaceX et de Tesla, a subi d'innombrables erreurs de calcul et pertes avant de réussir avec ces entreprises.

Accepter l'échec Bien qu'il soit courant de percevoir l'échec comme une mauvaise chose, les hommes d'affaires qui réussissent le voient comme une occasion de s'améliorer. Ils comprennent que l'échec fait partie intégrante du parcours professionnel et l'utilisent comme un tremplin vers le succès à venir. Le créateur d'Amazon, Jeff Bezos, par exemple, a déclaré que "l'échec et l'invention sont des moitiés épaisses".

Les hommes d'affaires prospères consacrent beaucoup d'efforts à résoudre les problèmes et à répondre aux demandes de leurs clients. Ils détectent les problèmes et produisent des remèdes originaux pour les résoudre. À titre d'exemple, Sara Blakely, la créatrice de Spanx, a monté son entreprise à la suite d'un problème dont les femmes sont constamment témoins avec des sous-vêtements conventionnels.

Figure Des brigades fortes Les hommes d'affaires qui réussissent se rendent compte qu'ils ne peuvent pas tout gérer seuls, alors ils s'entourent de brigades fortes. Ils travaillent ensemble pour négocier leurs objets après avoir embauché des personnes brillantes aux capacités réciproques. Pour reprendre les mots de Mark Zuckerberg, le créateur de Facebook, "La chose la plus importante que les entrepreneurs doivent faire est de choisir les bonnes personnes avec qui travailler."

Maintenez votre inflexibilité Les gens d'affaires qui réussissent sont prêts à s'acclimater et à changer de cap si nécessaire. Ils ajustent leur stratégie car le terrain des affaires est en constante évolution. L'auteur d'Alibaba, Jack Ma, par exemple, a dit autrefois : « Vous devriez apprendre de votre rival, mais ils ne sont pas indiscernables. La copie, c'est la mort.

Prenez des risques prudents alors que les hommes d'affaires prospères sont prêts à prendre des risques, ils le font avec prudence. Avant de faire un choix, ils pèsent les écueils et les prix les uns par rapport aux autres. Par exemple, lorsque Steve Jobs, le co-fondateur d'Apple, a choisi de produire l'iPhone, il a pris une menace, mais cela a payé de bon cœur.

Restez concentré Les hommes d'affaires qui réussissent évitent d'être distraits par des objets attrayants ou des gains rapides en restant concentrés sur leurs objets. Ils ont une idée précise de l'endroit où ils veulent aller et y restent mariés. Bill Gates, co-fondateur de Microsoft, a précédemment déclaré : « C'est bien de célébrer le succès, mais il est plus important de tirer les leçons de l'échec.

Alphabétisation continue Les hommes d'affaires qui réussissent craignent leur ignorance et recherchent laborieusement de nouvelles informations et stratégies. Pour accroître leurs connaissances et aiguiser leurs penchants, ils lisent, assistent à des conférences et recherchent un mentorat. À titre d'illustration, le magnat des médias Napoléon Oprah Winfrey a autrefois affirmé que "l'éducation est la clé pour libérer le monde, un passeport pour la liberté".

Maintenez votre passion Les gens d'affaires qui réussissent sont enthousiastes à propos de ce qu'ils font et croient fermement en la valeur des biens ou des services qu'ils offrent. Ils s'engagent à avoir un impact positif sur le monde et sont motivés par un objectif. Selon l'auteur de Virgin Group, Richard Branson, "Si vous êtes passionné et agité par un produit, vous êtes plus susceptible de consacrer du temps et des efforts pour en faire un succès".

En conclusion, acquérir des connaissances auprès de grands hommes d'affaires peut offrir des conseils perspicaces et des missions qui peuvent orienter votre parcours entrepreneurial. Les caractéristiques des entrepreneurs qui réussissent peuvent servir de feuille de route pour réussir dans l'entreprise et dans la vie, de la persévérance et de l'acceptation de l'échec à la résolution de problèmes et au développement de brigades solides.

www.ingramcontent.com/pod-product-compliance
Lightning Source LLC
Chambersburg PA
CBHW071503220526
45472CB00003B/895